〈〃本の泉社〃 転換期から学ぶ歴史書シリーズ〉

日常世界に足場をおく歴史学

——新自由主義時代のなかで——

大門正克 著

本の泉社

まえがき

二〇一二年、歴史学研究会（歴研）の編集長を務めているときに、歴研に関する証言をまとめて読む機会があった。戦前・戦時から戦後の一九五〇年代までに、歴研が編集した月刊の学会誌『歴史学研究』を復刻するにあたり、同時代の歴研に関する証言が集められた。証言は総計で一〇四名におよんだ。

この証言を読み、解題を書く機会を与えられた私は、同時代史的検証という方法で証言を読むことにした。歴研の証言を例に同時代史的検証について説明すれば、証言が対象とする時代（たとえば戦時期の歴研）、証言が書かれた時代、そして証言を読む私たちがいる二一世紀冒頭の三つの局面に留意して証言を読む、ということになる。この読み方で、たとえば戦前・戦時に関する証言で私が留意したことは、戦前・戦時・戦後の同時代に即して読むということであった。戦争が進行するもとで、『歴史学研究』の発行はどうして可能だったのか、戦争の進行はどう受けとめられていたのか、証言を書く人は、歴研をとりまく時代状況や日常世界をどう振り返っているのか、証言を書いている一九七〇年代はいかにふまえられているのか、ということに留意して証言を読もうとした。加えて証言については、その証言を読む二〇一〇年代の私への留意も必要であった。

こうしたなかで、一九四二年末ころから不安がひろがり、「心細くて友人と会わずにいられなかった」ので、ほとんど毎日のように歴研の事務所に寄ったとする遠山茂樹の証言や、戦後の歴研大会で、ある歴史家が戦時中の『歴史学研究』の一部を厳しく論じた場面に接した高橋磌一が、戦時中の「あまりに急迫した情勢」や、「職員室の同僚がつぎつぎに特高に連れ去られる現実」、「見苦しくもわが身を屈していた自分の姿」を思い起こしている証言が印象に残った。時代の進行が歴史家にどう作用し、歴史家は日常生活のなかでそれをどう受けとめていたのかという観点、つまり同時代史的検証による証言の検討である。

この解題は、本書の6に「戦前・戦時・戦後の証言を読む――歴史学研究会の証言」として収録した。この解題を紹介したのは、私が史料や歴史に向き合う際に留意していることの一端を伝えたかったからである。二〇一〇年代に入ってからの私は、日常生活のなかでの身ぶりやふるまいも含め、どのような気づきを通じて史料の読解や歴史の理解に至るのか、そのことを自覚する必要があると思うようになった。一九九〇年代から現在に至る時期の歴史学は、新自由主義の時代状況と認識論的な問いが重なるもとにある。歴史学にかかわる歴史家は、新自由主義をめぐる磁場のなかに巻き込まれ、史料の読解ではさまざまな留意が必要になっていた。

日本の歴史学では、歴史認識の立場性（ポジショナリティ）をめぐって議論されることが多かったが、新自由主義の時代のもとでは、立場性に至る以前の、日常世界に即した歴史とのかかわり（アクチュアリティ）を議論する必要があるのではないか。歴研の証言でも、私は証言が対象とした時代と書かれた時代、読む時代を思い描き、日常世界に即した歴史とのかかわり（アクチュアリティ）をふまえて証言を読もうとした。そうすることで、証言を受けとめることができるのではないかと思ったからである。

この本は、二〇一〇年代における歴史と歴史学に関する批評を集めた本である。新自由主義時代のもとにおける歴史学にはどのような動向がみられるのか、最初にその特徴を把握する。そのうえで歴史家は、歴史学の議論のなかで、歴史と歴史学に対してどのように向き合っているのか、歴史家は足もとや足場をどのように見つめ直しているのかを確かめる。ついで、歴史家にとって根幹に位置する史料とのかかわりをとりあげ、歴史家が史料をどのように読解しているのかを議論する。そのようにして、今まで、必ずしも焦点が合わされなかった歴史家に照準を合わせ、歴史家の取り組みからあらためて歴史と歴史学について考える、それが本書で取り組もうとしたことである。

本書は三部で構成されている。

第一部は「歴史の全体を見渡す——新自由主義時代の歴史学」であり、二〇〇〇年から二〇一五年を対象にした歴史学の動向に関する二つの文章を配置している。第二部は「歴史と現在を往還するなかで——歴史家の現場」であり、二〇一〇年代に歴史と歴史学に向き合うにあたっての留意点、私自身がどのように向き合ってきたのかに関する三つの文章をおいた。「3　歴史学のアクチュアリティへの問い」「4　「史料読解」とは何か」「5　歴史家の日々——編集室から」である。第三部は「歴史を受け継ぐ／受け渡す——同時代史的検証の試み」であり、歴研に関する証言と昭和史論争後の遠山茂樹を検討している。以上の三つの部の文章の前に、全体におよぶ「序」として「日常世界で歴史と向き合う」という短い文章を置いてある。

本書の三つの部は相互に関連しているので、どこから読んでいただいてもよいが、第二部と第三部で歴史と史料に向き合う歴史家に照準を合わせている。そのことをふまえて、第一部を読んでいただき、三つの部の関連を考えていただければと思う。

なお、本書の作成では、加筆した個所を〈　〉で示し、表現を統一するなど、若干の編集をおこなった。また収録論文の最後には「補注」をおいて留意点を説明した。

目次

序

日常世界で歴史と向き合う

いまの住まいに引っ越してから、朝の通勤で各駅停車に座る一時間弱と、最寄り駅から大学まで歩くキャベツ畑の一五分が貴重な時間になっている。二〇一二年五月に栗田禎子さんから、歴史学研究会の編集長を受け継いでからの三年間、朝の時間は歴研（歴史学研究会を歴研と略記、以下同断）とともに始まることが多かった。歴研は、歴研編集による『歴史学研究』を月刊で発行していた。

通勤のカバンには必ず歴研用のファイルがあり、その他に自分の原稿や講義ノート、被災地で続けるフォーラムの関係書類などが入っていた。電車のなかでは、まず歴研の作業をする。本誌の原稿の素読みや校正、企画出版の企画書の整理などである。時間が残れば、自分の原稿を読み返したり、講義ノートを点検したりする。その後の、自動車がほとんど通らないキャベツ畑の一五分は、考え事をしながら歩く大事な時間だ。歴研の編集や自分の原稿などを反芻し、日本と世界の気になる出来事や日常の悩み事も加わり、頭がすっきりと整理される日もあれば、うまくいかない日もある。

歴研の三年間では、このように生活のリズムを刻みながら、歴史と現在を往還し、歴研について考える日々が続いた。毎朝の生活リズムと重なるような出来事があった。二〇一二年一二月に開催された、歴史学研究会創立八〇周年記念のシンポジウムでのことである。「歴史学のアクチュアリティ」を主題にしたシンポジウムに登壇した岸本美緒さんは、歴史学のアクチュアリティの問題を、日常生活の「気づき」「驚き」の延長上にとらえる必要性を提起し、「必ずしも事前の言語化・明確化が必要だとはいえないだろう」と述べた。それに対して栗田禎子さんは、帝国主義と「たたかいの記憶」を軸にして「現代史」を組み替える必要性を提起し、「現代史のアクチュアリティ」にこそ「歴史学のアクチュアリティ」があるとした。

岸本さんと栗田さんの議論は、一見すると対照的に聞こえたが、私には重なるところがあるように思え、シンポジウムを軸に編集した本の「まえがき」を書いたとき（池享・大門正克「まえがき」歴史学研究会編『歴史学のアクチュアリティ』東京大学出版会、二〇一三年〈本書に「歴史学のアクチュアリティへの問い」として収録〉）、二人の議論の重なりにふれたうえで、日常世界に足場をおきながら現実にかかわる道を探るところに「歴史学のアクチュアリティ」があるのではないかと問題を提起した。この問題提起の底流には、歴研とともに始まる朝の時間があった。

それ以来、歴研委員会では「日常世界」を軸にして歴史学の課題や特集を提起して議論することが多くなった。それらの議論は、歴史学研究会・日本史研究会編『「慰安婦問題」を／から考える』（岩波書店、二〇一四年）のサブタイトル「軍事性暴力と日常世界」や、歴研編『歴史学と、出会う――41人の読書経験から』（青木書店、二〇一五年）の「読書経験」につながったように思う。

『歴史学研究』で二〇一三年一一月から二〇一四年一月まで組んだ特集「史料の力、歴史家をかこむ磁場——史料読解の認識構造」も「日常世界」と無縁ではなかった。当初、私の提案は、「史料読解の認識構造」を明らかにすることだったが、ある委員から卓抜なメインタイトル「史料の力、歴史家をかこむ磁場」が提案されたとき、史料を読み解く歴史家は日常を含めてどのような磁場にかこまれているのかというように、史料読解と「日常世界」の接点が明瞭になった。「史料読解の認識構造」は歴史学の根幹にかかわることであり、私は二一世紀初頭の現在、歴研は現代的課題に応えるだけでなく、歴史学の根幹を問い直し、歴史学の魅力をあらためて提示する必要性があると思っていた。本特集は、その課題への対応をめざしたものであり、さらに歴史家一人ひとりの「日常世界」との接点も問うものだった。

歴史学や歴史学研究会が成り立つためには、史料批判など、歴史をめぐる専門的営為が必要なのだが、同時にそれらを担う歴史家は日常世界を生きている。いまを生きる人が過去を問うという歴史学の特性をふまえたとき、岸本さんが言う「日常世界」への「気づき」や「驚き」なしにいまを自覚するとすれば、大状況や現実の要請に先導された課題の提示になってしまう。

二一世紀初頭の「日常世界」をふまえた歴史学の課題を提示するために、また歴史学の課題を広い視野で楽しみながら考えるために、この三年間、歴研委員会では、ともかくもよく議論をした。議論は、委員会の場だけでなく、委員会終了後に開いた「拡大科学運動チーム」でつづけ、さらに終了後の懇親会にも持ち越された。ときには激論になり、激論の含意を確めるために、別の機会を設けて話し合ったこともあった。委員会合宿や編集部でも議論を重ね、企画出版の打ち合わせも頻繁におこなった。メールだけではなくて直接集まり、ほかの委員の意見に耳を傾け、それらをふまえて自分の感想を述べる。そのくりかえしのなかから二一世紀初頭における歴史学の課題がほのみえてくることがあった。議論をつづけた先にプロレスまでくりひろげられた委員会合宿の懇親会があったことや、編集部が知恵をしぼるためによく集まった神保町交差点近くの喫茶店「トロワバク」を、私は忘れないだろう。歴研の三年間には、膨大な議論がつまっている。膨大な議論は歴研委員会に集まった人たちとの共有財産であり、この共有財産のなかから本誌の編集や大会が実現した。

朝に始まり、議論を重ねた歴研の三年間の日々には、ひとつの区切りがあった。朝、大学に着いたときに、電車とキャベツ畑で整理したことを歴研の事務局にメールで伝え、その後、電話で確認することである。事務局の増田純江さんとの朝の打ち合わせは、三年間の生活のリズムの大事な区切りだった。

二〇一二年から二〇一五年という時代をともにした委員の人たち、事務局の増田さん、小林和子さんをはじめとした編集の人たち、そしてお世話になった歴研会員内外の人たちにこの場を借りてお礼を述べたい。歴史に囲まれた三年間は、私にとって何よりも貴重な時間だった。

【補注】

◎「三年間の編集長の日々――退任にあたって」『歴史学研究月報』第六六八号、二〇一五年八月、所収。

「序」には、歴史学研究会の編集長退任にあたって書いた文章をおいた。二〇一二年五月から二〇一五年五月まで、歴史学研究会の編集長をつとめた。この文章を読み返してみると、二〇一〇年代に歴史学とのかかわりで私が考え続けてきたことがよく示されていた。

二〇一〇年代の歴史学は、新自由主義と認識論の影響をともに受けていた。歴史学について考える際に私が留意したことは、日々を生きることと歴史学／歴史のかかわりを切り離さず、そのもとで歴史学の営為を見つめ直すことであった。「序」のなかで、「日常世界」「日常生活」という言葉を頻繁と使っているのはそのためである。編集長のときの私は、毎日をくらすなかでの通勤のリズムや風景を大事にして、歴研をはじめとした歴史学／歴史にかかわり、歴研では委員会のさまざまな機会に、「日常世界」に向き合って歴史学の意味を考える必要性を提起した。歴研のシンポジウム（「歴史学のアクチュアリティ」）や単行本の企画（『「慰安婦」問題を／から考える――軍事性暴力と日常世界』岩波書店、二〇一四年）、『歴史学研究』の特集企画（「史料の力、歴史家をかこむ磁場――史料読解の認識構造」）など、歴研をめぐる取り組みの各所において、「日常世界」をめぐる議論の痕跡を確認することができる。

I

歴史の全体を見渡す——新自由主義時代の歴史学

1　歴史学の現在――二〇〇〇〜二〇一五年

はじめに

二〇〇〇年から二〇一五年に至る「歴史学の現在」を見定めることで、今回の『現代歴史学の成果と課題』の課題設定と編集方針を明らかにしておくことが本論の目的である。本論の目的を定めるために、歴史学研究会（以下、歴研と略記）の編集による『現代歴史学の成果と課題』（以下、『成果と課題』と略記）の歴史を振り返っておきたい。

『成果と課題』は、今まで三回、青木書店から発刊されている。それぞれを第一次、第二次、第三次と名づければ、第一次は一九七四年から七五年に全四巻発刊され、第二次は一九八二年に全三巻刊行、第三次は二〇〇二年から〇三年に全二巻発刊された。第一次は一九六〇年代の研究成果を、第二次は一九七〇年代、第三次は一九八〇〜九〇年代の研究成果をそれぞれ対象にして成果と課題を提示したものだった。

第一次・第二次と第三次では対象と編集方針が大きく異なる。第一次・第二次では、戦後歴史学の枠組みを前提とし、そのうえで第一巻を歴史理論・歴史意識・歴史教育にあて、その後の巻を時代別に編成していたのに対して、第三次は、戦後歴史学から次の歴史学へと歴史学が大きく回転する様相を対象とし、そのために歴史学の方法あるいはテーマによる編集に方針を変更していた。第三次の第一巻「歴史学における方法的転回」の構成は、「世界史像の構成」「時代区分の方法」「家族・ジェンダー・女性」「表象の歴史学」「歴史意識の現在」であり、第二巻「国家像・社会像の変貌」の構成は、「国家論・権力論」「身分・社会関係・市民社会」「地域論・地域社会論」「政治文化と民衆」である。とくに第一巻は、巻のタイトルがよく示すように、一九八〇～九〇年代の歴史学は、表象や構築主義、ジェンダーなど方法が大きく変化しており、戦後歴史学から次の歴史学へ、歴史学のあり様が大きく転回したことを強調する構成になっていた。第一次と第二次の「現代歴史学」は現代の歴史学というニュアンスだったのに対して、第三次の「現代歴史学」には戦後歴史学にかわる次の歴史学という含意がこめられるようになった。

以上に対して、今回発刊する第四次は、二〇〇〇年から二〇一五年を対象にする。第四次の歴史学の現在は、どのような特徴をもっているのか。そのことを検証するために、本論では、戦後の日本の歴史学の変遷を簡略にたどって歴史学の現在の輪郭を明瞭にし、ついで課題を整理して検討し、最後に第四次の編集方針を示す。

一　「歴史学の現在」をめぐって

①戦後の歴史学の変遷

戦後日本の歴史学は大まかに三つの時期に区分できる。敗戦後から一九七〇年代まで、一九七〇年代から一九八〇年代まで、一九九〇年代から現在までである。

敗戦後から一九七〇年代までの歴史学は戦後歴史学に代表される。これに対して、一九七〇年代に入ると社会史が登場する。現在から振り返るとき、社会史には戦後歴史学批判と戦後歴史学に含まれる要素を継承する両面があった［大門　二〇〇八：八八〜九二］。このスタンスが明瞭だったのは二宮宏之である。二宮は社会史研究を通じて近代認識の転換をはかり、近代批判を歴史研究の視座にすえた。その視座から、西欧近代をモデルにした戦後歴史学を批判した。と同時に、二宮の社会史研究には、つねに全体への志向があり、この点は戦後歴史学と発想を共有する面があった。

社会史が戦後歴史学を継承する側面については、小沢弘明の指摘がある。戦後の史学史の座談会のなかで小沢弘明は、戦後歴史学および社会史には「批判的な歴史学」という方向性があったと述べている［成田・小沢・戸邉　二〇一一：三九］。小沢は、戦後歴史学を「「民族・民主革命」の歴史学」と呼ぶ。戦後歴史学は皇国史観と戦後の時代状況に対して「批判的な歴史学」として登場し、封建制と占領の両方を克服する課題を担ったというわけである。それ以前の歴史学と時代状況に「批判的な歴史学」であり、全体史への志向をもつもの、これが戦後歴史学であった(二)。

一九七〇年代以降、社会史、国民国家論、言語論的転回の議論が登場する。この過程で社会史から国民国家論へと議論が推移し、それに言語論的転回の議論が重なり、構築主義、認識論の立場から戦後歴史学批判の潮流がかたちづくられるようになる。先述のように、第三次の『成果と課題』の第一巻は、「歴史学における方法的転回」として、表象や構築主義、ジェンダーなど、大きく変化する歴史学の方法に焦点をあて、とくに構築主義の面から、歴史叙述にあらわれた「家族」や「日本人」などの認識を批判的に検討した。先の座談会で成田龍一は、一九七〇年代以降の歴史学は「認識論的な問い」にこたえる課題を要請されており、七〇年代以後の歴史学を現代歴史学と呼んだ［成田・小沢・戸邉 二〇一一：四〇］。

戦後歴史学を前提にした第一次・第二次に対して、第三次が、戦後歴史学を批判する現代歴史学の台頭という点で明瞭な編集方針を打ち出したのとくらべたとき、第四次が対象とする二〇〇〇年から二〇一五年の歴史学の輪郭は鮮明でなく、歴史学の現在はどこにあるのかわかりにくい印象があるように思われる。なぜそうなのか。あるいは、はたしてそうなのか。

もういっぽうで、第三次の刊行から一五年が過ぎた現在（二〇一五年）からみると、現代歴史学は、構築主義として無視しえない影響をもちつつも、「批判的な歴史学」の役割は弱くなり、社会史のなかにあった全体史への志向の継承も弱くなっているので、歴史学そのものが立ちすくんでいるように見える。そのなかで、唯一、グローバル・ヒストリーが影響力を強めているように見えるが、そのグローバル・ヒストリーにも大きな影響を与えているのが新自由主義である。新自由主義は現代歴史学にもグローバル・ヒストリーにも甚大な影響を与え、歴史学の足場を揺るがしている。

②新自由主義の時代と歴史学

「歴史学の現在」を考えるために、先の座談会に加えて、史学史を振り返るもう一つの座談会を参照してみよう。歴研は、二〇一二～一三年にかけて、一九七〇年代から二〇一〇年代の歴史学を三つのテーマで討議している［歴史学研究会編　二〇一三］。「社会史研究と現代歴史学」「社会主義圏の崩壊・ポスト冷戦と現代歴史学」「新自由主義時代と歴史学の将来」である。一九九〇年代以降の歴史学を考えるに際して、社会主義圏崩壊、ポスト冷戦、新自由主義とのかかわりが重視されている。

一九九〇年代以降の新自由主義の進行とグローバル化による構造変動は、経済や社会から学問にまでおよび、大きな影響を与えている［小沢　二〇一二など］。このもとで、現在的思考がいっそう強まり、過去と現在が切断される傾向がひろがる［鹿野　一九九八］。それに加えて、インターネットやSNSの普及は中東革命を促すような状況をつくりだすいっぽうで、「ネット右翼」やヘイトスピーチをつくりだす温床にもなっている。一九九〇年代後半以降、日本軍「慰安婦」や南京事件はなかったとする歴史修正主義は、ネット環境と連動して強まっている。

新自由主義が歴史学に影響を与えている様相は、一九九〇年代後半から見えるようになり、新自由主義が歴史学と歴史意識に与える影響が議論されるようになった［大門　二〇〇八：第一部第一章］。その後、歴史学の学会では、二〇〇七年から二〇〇九年まで、新自由主義をテーマにした大会が相次いだ。以上のような経緯をへた現在からみれば、歴史学は、一九九〇年代から現在に至るまで、新自由主義の強い影響のもとにおかれてきた。社会主義圏崩壊とポスト冷戦と連動して進行してきた一九九〇年代から現在に至る時代の歴史学を、「新自由主義の時代と歴史学」と位置づけておきたい。

二〇〇七年から三年間にわたる学会大会の議論については、二〇一一年に検討したことがある［大門　二〇一一］。大会での議論を整理すれば、（1）新自由主義時代の現状認識、（2）地域史の課題、（3）生・生活・生存をめぐる問題提起、（4）自由主義の再検討、（5）一九九〇年代以降の歴史学の検証、の五つになる。「大会報告では、新自由主義時代の現状分析が行われ、それに中世・近世・近現代の「生」のあり方が対置された」。しかし、「実際には新自由主義の問題は現状分析に任せる傾向が強く」、「地域史を中心にした歴史研究と新自由主義の接点は見えにくかった」。「新自由主義時代における歴史学的な問い方（方法）への関心は総じて乏しかった」というのが、私の批評であった(二)。

この間に重要な問題提起がなかったわけでは決してない。二〇〇八年度の歴研大会の全体会は、「新自由主義の時代と現代歴史学の課題――その同時代史的検証」をテーマとした。歴研委員会は、全体会の趣旨文のなかで、一九七〇年代以降、「新しい歴史学（現代歴史学）が台頭」したが、「歴史研究が方法的に激変したこの約三〇年が、世界史的に見て新自由主義が拡大する時代に重なることを自覚した検証は意外なほど少ない」として、「単なる学説史や状況反映論ではなく」、「時代と研究の変貌を対位法的に明らかにする」ような、現代歴史学の「同時代史的検証」が必要だと問題提起をした。その際に、「身体感覚」まで含めて、「新自由主義に向き合う私たちの姿勢に反省を迫る」必要性を強調していたことも重要な指摘である［歴史学研究会　二〇〇八：五一］。

認識論的な問いと新自由主義の時代が重なる時代を生きている自覚を持ち、学説史や現状分析、状況論としてではなく、歴史研究の方法や歴史家の「姿勢」を含めて歴史家の実践を同時代史的に検証するという問題提起は、「新自由主義の時代と歴史学」を考えるうえで、依然として重要な位置をしめている。ここでいう歴史家の実践の同時代的検証とは、史料読解、歴史過程の理解、歴史叙述といった歴史家の日々の実践を、史料と同時代に内在しつつ検証することを指す。

一九九〇年代以降の時代状況をふまえ、二〇〇八年度における歴研委員会の問題提起を念頭に置いて「新自由主義の時代と歴史学」についてあらためて考えるとき、安丸良夫の同時代の議論が印象深い。

安丸は、認識論的な問いに対して積極的に応えた歴史家として知られている［安丸　二〇〇二bなど］。その安丸が、一九九〇年代以降に新自由主義の時代が進行したとき、新自由主義にも応対しようとしていたことについては、取り上げられることがない。一九九〇年代以降の安丸は、認識論的な問いと新自由主義時代の両方に対峙しようとしていたことに留意する必要がある。

二〇〇二年の論稿で安丸は、現在を「新自由主義が朝野の大合唱」と「グローバリゼーションとリストラの現実」として特徴づけるとともに、近現代世界を、あらためて、資本主義世界システム、民衆の生活世界、国民国家の三つの焦点的次元に位置づけ、近現代の広い歴史的文脈のなかで議論しようとした［安丸　二〇〇二a］。安丸は、資本主義システムこそが国民国家諸類型の「基本軸」であるとしたうえで、しかしそのもとで民衆の生活世界には固有の役割があり、歴史家の仕事は、民衆の生活世界や体験の固有の歴史的意味を説き明かすところにこそあると指摘した。この発言のなかで、とくに次の三つが印象に残る。

一つ目に、以前から、史料について言及することが多かった安丸は、新たに歴史家の役割をふまえて史料の意味を論じるようになった［安丸　一九九六など］（後述）。歴史家の存在を隠さず、自分自身も埒外に置かず、歴史家／安丸の史料読解を明らかにすることで歴史学の意味を再確認すること、一九九〇年代以降の安丸が心がけたのはこの点であった。

二つ目に、現代日本のような社会では、「リアリテイが見失われやすい」歴史の事実・体験の「証人」になることが歴史家の「責任」であるとして、ロシア革命の高揚や天皇制国家における自己実現と抑圧・順応、アウシュビッツやヒロシマ・ナガサキの固有の体験などを例示している。三つ目に、「世界の全体性に向き合う立場を選ぶことでのみ、私たちの知的な営みは緊張と活力あるものとなることができる」［安丸　二〇〇七：二七］として、あらためて世界の全体性に向き合う必要性を喚起したことである。

歴史家の役割と責任を自覚して史料と世界の全体性に向き合い、自己言及的な問いを重ねた安丸のメッセージは、認識論的な問いと新自由主義が重なる、一九九〇年代以降の困難な時代状況のなかで、歴史と歴史学を見直す契機について言及し続けたものということができよう。

二〇〇八年度の歴研委員会および安丸良夫の議論をふまえるとき、一九九〇年代から現在に至る歴史学は、認識論的な問いと新自由主義の時代状況が重なる状況のもとにあったことを確認する必要がある。以上の位置づけを与えることで、第四次『成果と課題』の歴史学の輪郭は、鮮明になるはずである。

③「歴史家をかこむ磁場」への自覚

ところで、歴研委員会も安丸も、この時代の歴史学を問うときに、歴史家自らが時代をどのように受けとめ、歴史研究をどのように問い直すのかを問題にしていた。この点を考えるとき、二〇一二年に「歴史学のアクチュアリティ」をテーマにして開催された歴研七〇周年のシンポジウムの報告とコメントは示唆深い〔歴史学研究会編　二〇一三〕。ここでは三人のコメントを参照する。

浅田進史は、新自由主義のもとで、歴史学の若手のキャリア形成と感情に大きな制約を与えており、歴史研究における批判的精神が磨滅させられる危険性に警鐘を鳴らした〔浅田二〇一三〕。一九九〇年代から四半世紀のあいだに、日本の学問環境は大きく変貌し、歴史学の世界でも任期付き教員や競争的経費が拡大し、若手研究者による学問継承が困難になってきたことをふまえての発言である。二〇一二年に松沢裕作が必要と感じたのは、「外に開かれた言葉」をもつことであり、それこそが歴史学でもっともラディカルな態度だとした［松沢　二〇一三］。それに対して藤野裕子は、現在の歴史学では、たとえばジェンダーなど、「発話可能性の低い」存在を扱う研究を「承認」しつつも「隔離」「忘却」する傾向があるとし、それは新自由主義の受けとめ方にもみられたことだとして、「歴史学のアクチュアリティ」を論じるためには、「研究者の内的メカニズム」にまで踏み込んだ検討・自覚が必要だとした［藤野　二〇一三a］。

二〇一二年に歴史学のアクチュアリティが問われたとき、浅田は新自由主義が歴史学の制度的枠組みに裂け目をつくりだしていることを喫緊の課題として提示し、松沢は歴史学の開放性に焦点をあて、藤野は新自由主義のもとでも「発話可能性の低い」存在を扱う研究の困難を指摘した。三者三様の問題提起のようにみえるが、新自由主義が社会をひろくおおうもとでの歴史学の困難と、新自由主義への対応のみでは解決しない歴史学の課題解決の困難が指摘されている。加えて三人は、歴史家の感情、言葉、内面を問題にしており、いずれも歴史学の困難を自覚する歴史家の感度を問うている。認識論的な問いと新自由主義が重なる時代状況において、歴史家は「歴史家をかこむ磁場」（『歴史学研究』の特集表現、後述）とその受けとめ方をどのように自覚しているのか、そのことが問われている。

④検討すべき課題

第四次の『成果と課題』の歴史学は、認識論的な問いと新自由主義が重なっている時期のもとにあること、そのもとで検討すべき課題を整理してみれば、大きな課題として歴史の見直し（歴史像の見直し）と歴史学の見直しがあり、さらにそれらを歴史家がどのように自覚しているのか、ここに重要な検討課題がある。

一九九〇年代以降、社会主義圏崩壊、ポスト冷戦のもとで新自由主義とグローバル化が進行し、その過程で、それまでの二〇世紀の歴史、ひいては歴史全体を見直す機運があらわれてきた。歴史の見直しに加えて、歴史学のあり方の根本的な検証がおこなわれるようになったこともこの間の特徴である。その背景には認識論的な問いへの応答があり、さらには新自由主義の時代への向き合い方がある。歴史家は、自らの作業をどのように検証しようとしているのか。新自由主義のもとでの歴史学は、若手研究者問題や大学の一般教育における歴史学の地位低下、大学の人文科学縮小論など、存続自体が揺るがされる状況が出現している。この状況は歴史家にどのような影響を与え、歴史家はどのような自覚のもとに歴史学の実践的行為をしているのか。以下、第四次の『成果と課題』の問題の所在について検討する。

二　歴史の見直し／歴史像の見直し

一九九〇年代以降、社会主義圏崩壊、ポスト冷戦、新自由主義とグローバル化、地域統合などが折り重なるようにして時代が進行している。これらのどこに重心をおくかで、歴史の見直し方が大きく変わってくる。

日本におけるグローバル・ヒストリー研究の主導者のひとりである水島司は、グローバル・ヒストリーの特徴を、長期の歴史的動向への関心、リージョナルな地域を対象、世界の異なる諸地域の相互関連を追究、奴隷貿易、移民、通商、疾病、環境など地域横断的なテーマを設定するところに求めている［水島　二〇一〇］。みられるように、国民国家の枠をこえて展開する歴史の動向に主要な焦点が合わせられており、その背景には、一九九〇年代以降、国民国家の枠組みをこえて旺盛に展開する経済や情報のグローバル化の進展があるといっていい。グローバル・ヒストリーについて、長谷川貴彦は、リン・ハントの最近の議論を紹介している［長谷川　二〇一六：二一六］。リン・ハントによれば、既存の四つのパラダイム（マルクス主義、近代化論、アナール学派、アイデンティティの政治）を批判してきた文化史（文化論的転回）に活力がなくなっており、有効なパラダイムを提案できないなかで、国民国家という分析枠組みに代わる大きなスケールを設定しているグローバル・ヒストリーが「大きな物語」の座を独占しているという。

グローバル化の時代のもとで歴史はどのように見直されているのかを考えるうえで、グローバル・ヒストリーは重要な研究動向だが、目をよくこらせば、歴史の見直しにおいて、グローバル・ヒストリーだけが影響力を増しているわけではない。とくに植民地の歴史が大きく見直されるようになったことは、この間の歴史の見直しの大きな特徴である。その象徴として、二〇〇一年、南アフリカのダーバンで国連主催の「人種主義、人種差別、排外主義、および関連する不寛容に反対する世界会議」が開催されたことがある。通称「ダーバン会議」は、奴隷制と奴隷貿易、植民地主義について歴史的評価を下し、「人道に対する罪」にも言及した、植民地の歴史の見直しを大きく促進する画期的なものであった［永原編　二〇〇九］。

一九九〇年代以降に植民地問題があらためて顕在化した背景をまとめてみよう。第二次世界大戦後、ニュルンベルク裁判における「人道に対する罪」や、戦時・平時の大量殺害を罪とするジェノサイド条約が締結されるなど（一九四八年締結、日本未批准）、植民地の歴史や排外主義、人種主義を問題にする国際的な動きがひろがった。ただし、これらの動きが機関の設置や条約の適用などに実質的に結びつくのは一九九〇年代以降のことだった［永原二〇一三］。ジェノサイド条約がはじめて適用されたのは、一九九〇年代のユーゴスラビア内戦、ルワンダ内戦に対してであり、一九九八年には国際刑事裁判所が設置され、性暴力も「人道に対する罪」と規定された。アメリカで「黒人への補償」が進展し、南アフリカで真実和解委員会が設置されたのも、一九九〇年代以降のことであった。

この点にかかわって、キャロル・グラックは、一九九〇年代からの二〇年ほどで、「グローバル記憶文化」が形成されていると指摘する［キャロル・グラック　二〇一三］。戦後から一九五〇年代まで、国家は大量殺害や植民地での虐殺、性暴力について、個人に謝罪することはなかった。ＥＵ成立後、ドイツにおけるホロコーストの記憶はヨーロッパ共通の記憶になり、多くの国で追悼の日が設置され、ホロコーストの教育が始められた。冷戦崩壊とグローバル化が過去の見直しを進め、それと地域統合が一体で進んだ結果、グラックのいう「グローバル記憶文化」が形成され、そのもとで植民地の歴史も見直され、ダーバン会議や国際刑事裁判所に結びついたといっていいだろう。

一九八〇年代以降、文化研究として出発したポストコロニアルは、一九九〇年代以降に植民地の歴史が見直されるなかで、あらためて切実な課題として提起されている。そこでは、国際刑事裁判所で性暴力も「人道に対する罪」に規定されたように、ポストコロニアルの問題はジェンダーの課題と結びついて歴史的に提起されるようになっている。

一九九〇年代以降、歴史の当事者や世代を経た人たちが、植民地の歴史や人種主義、排外主義を見直すように主張したこともこの間の大きな特徴である。一九九一年、自らが「慰安婦」だったとした金学順の告白は大きな衝撃を与え、「慰安婦」問題の認識を転換させる原動力になるとともに、その動きは、南アフリカでアパルトヘイトに対する真実和解委員会が設置される動きにもつながった。

二〇〇一年、ナミビアの人びとは、二〇世紀初頭、ドイツ支配下にあった時代の植民地戦争中の大虐殺に対して、ドイツ政府と企業を相手取り、補償を要求する訴訟を起こした〔永原陽子　二〇一三〕。この訴訟は、裁判の所轄や当事者性を理由に却下されたが、歴史の当事者のあとの世代の人たちが、旧植民地領有国に対して植民地支配下の暴力への補償をはじめて法的に求めたものとして、国際的に大きな影響を与えた。こうしたなかで永原陽子は、それまでの「戦争責任」をひろげ、植民地主義および奴隷貿易・奴隷制の「罪」と「責任」を問う動きとそれをめぐる議論を「植民地責任」と名づけ、植民地と世界の歴史に問題提起をおこなっている〔永原編　二〇〇九〕。

こうしたなかで、近現代の歴史を全体としてどのように描くのか、そのことがあらためて問われている。二〇一四年には対照的な二冊の世界史が著された。杉山伸也は、現在のアジア経済発展、地域史（海域史）の発展をグローバル・ヒストリーの観点で描き直し〔杉山　二〇一四年〕、木畑洋一は植民地と帝国主義を再検討して二〇世紀の歴史を著し、アイルランド、南アフリカ、沖縄を定点観測とし、地域の側から帝国支配の重層性と矛盾を描き出している［木畑　二〇一四］。以上の把握ともかかわって、秋田茂は、グローバル・ヒストリー研究からすると、「植民地責任」論は、戦後の第三世界論、ＡＡＬＡを反植民地主義で一体的にとらえる視点を前提にしているが、一九七〇年代以降の東アジアの経済発展の歴史的意義を視野に入れていないとして、戦後世界史の再検討を提唱している［秋田　二〇一〇］。

歴史の見直しは、他方で歴史修正主義の動きを強めるとともに、歴史の視野を広げることにもつながってきた。「慰安婦」問題を例に、そのことにふれておく。

今から七〇年以上前、大日本帝国の膨張過程で「慰安婦」にさせられた人たちは、それから半世紀近くが過ぎた一九九〇年代初めに自ら声をあげ、「慰安婦」の問題が過去のことではないことを社会につきつけた。植民地の歴史を見直す世界的な動きとも連動して、一九九〇年代の日本では、「慰安婦」だった女性たちの声に正面から向き合う動きが各所でみられた。だが、二〇〇〇年代に入ると「慰安婦」バッシングがおき、その動きは曲折をへながら現在に至るまでやんでいない。こうしたなかで、二〇一〇年代に入ると、「慰安婦」問題を検証する従来からの研究が深まるとともに、「慰安婦」問題を一部の研究者の限定された問題にするのではなく、歴史研究の広い課題に接続する工夫があらわれてきている。遅れていた日本人「慰安婦」の研究を進めることで、「慰安婦」問題と日本近現代社会との接続をはかった研究や［西野・小野沢編　二〇一五］、「慰安婦」問題を軍事性暴力と日常世界に接続し、「慰安婦」問題から考える必要性を提起した研究がそれである［歴史学研究会・日本史研究会編　二〇一四］。

三　歴史学の見直し

歴史の見直しと連動するようにして歴史学を根本的に見直し、歴史学の意味をあらためて明示しようとする試みがみられる。そこに「新自由主義の時代と歴史学」の重要な特徴がある。一九九六年、安丸良夫は自らの歴史学の方法に関する論集をまとめるにあたり、「はしがき」を添え、そのなかで歴史家／安丸良夫の役割について論じている［安丸　一九九六］。安丸はそこで、歴史家の歴史認識は、（ⅰ）史料とそこから導き出される「事実」、（ⅱ）私たちが生きる現実世界の全体性、（ⅲ）（ⅰ）と（ⅱ）に向き合う私、の三つの次元をもち、歴史家は三つの次元に拘束されていることを自覚する限り、史料読解や歴史認識において、単なる恣意性を免れる道が拓かれていると指摘した。

いま、あらためて安丸の「はしがき」を読むと、安丸は歴史家の営為一般を論じるだけでなく、一九九〇年代半ばという激変の時代にあって、安丸自身が歴史に向き合う方法を根源的に再検討しようとしていたことがよくわかる。たとえば、「こうした方法意識をもっている歴史家としての私のさらに前提に、より根源的には現代に生きる一人の人間としての私がある」、現代史の専門家でもない私（安丸）が現代日本について発言をしてきたのは、「（ii）の次元を見つめなおすことで（iii）の次元をも測りなおそうとしてのことにほかならない」といった文章である。安丸は以前から史料について論じることの多い歴史家であった。その安丸は、一九九〇年代半ばの「現代に生きる一人の人間としての私」と「生きる現実世界の全体性」を見つめなおすために現代日本について発言を続け、そこからあらためて（i）と（ii）に向き合う私を自覚しようとしていたことになる。いまからみれば、一九九〇年代半ばは新自由主義の時代が進行し始めていた時期にあたる。認識論的な問いと新自由主義が重なる時代状況において、歴史学のあり方の根源的な再検討の必要性を論じたのが安丸の「はしがき」であったといえよう。

それでは、歴史学をどのように再検討するのか。たとえば、遅塚忠躬は、「事実」―「史料」―「歴史家」の関係について、歴史上の「事実」には、「揺らがない事実」（構造上の事実）と「揺らぐ事実」（事件史上の事実、文化史上の事実）があり、「史料」にもとづいてこれらの「事実」を確定することが「歴史家」の役割だとして、「事実」と「史料」の関係について詳細に論じている［遅塚　二〇一〇］。ただし、遅塚の議論では、「事実」―「史料」―「歴史家」と記されているものの、史料を読み解く主体である「歴史家」についてはほとんど論じられていない。今までの議論が、史料論―歴史学論の関連を問うていたのに対して、史料論―歴史家論―歴史学論として、歴史家が史料を読み解くことに焦点を合わせ、史料論に新たな光をあてようとしたのが、『歴史学研究』の特集「史料の力、歴史家をかこむ磁場――史料読解の認識構造」である〔歴史学研究会　二〇一三～一四〕。

この特集は、サブタイトルに「史料読解の認識構造」とあるように、史料を読み解くことの認識構造に焦点が合わせられている。歴史家はどのような認識のもとに史料を読み解いているのか、今まで史料論は多くあったものの、史料読解の認識構造は思いのほか議論されてこなかった。史料の読解には、一つひとつの史料の読み解きだけでなく、性格の異なる史料を照合し、当事者以外が作成した史料から当事者にかかわる事柄を読み解くなど、多様な局面がある。遅塚が想定した「事実」―「史料」―「歴史家」の関係は、実際にはきわめて複雑である。歴史家は史料と虚心に向き合い、史料の相互関係を読み解き、当事者以外の人による当事者像のなかに当事者を読み解く努力、史料を読み解くことへの自覚など、あらゆる試みを通じて史料を読み解き、歴史像をかたちづくりつつ叙述に向かって作品を完成させているはずである。とはいえ、叙述に至る過程の史料読解の認識構造について、歴史家はめったに語ることがなかった。この特集はそこに光をあてることで、歴史学をあらためて根本的に問い直そうとしている。この特集ではまた、時代状況や言語論的転回後の史料をめぐる議論など、「歴史家をかこむ磁場」に自覚をもつことが促されている[三]。

特集を読み、ふたつのことが強く印象に残った。ひとつに、史料読解の認識構造の検討には、さまざまな困難な緊張関係をともなうことである。とくに史料を残すことが少ない人を対象にする場合や、訴訟文書や野戦郵便など、限定された状況のもとでの史料読解は容易でなく、さらにそこでの認識を説明することは簡単なことでない。史料読解にともなう困難や緊張関係は、歴史学のあり方とも密接にかかわっている。歴史学は今を生きながら過去を問うものである。だが、そもそも今を生きつつ過去を問うことはできるのかという根本的な問いがある。認識論的な問いもそこにかかっている。根本的な問いを前にして、歴史家はあらゆる試みを通して史料読解の緊張と決断に向き合う。その試行錯誤の先に、歴史像形成―歴史叙述に至る道が拓けるときがある。史料は読み解かれてはじめて生気が宿るのであり、そこから新しい発見や可能性が拓ける。史料読解の認識構造からは、歴史学の困難と可能性の両方を検証できるように思われる。

もうひとつは、言語論的転回以降の史料読解についてである。日本で言語論的転回の議論が歴史学におよんだのは一九八〇年代以降のことである。それから二〇年以上を経過し、ようやく言語論的転回の認識と具体的な史料読解・歴史叙述の作業を結びつけようとする段階にさしかかってきた印象を受ける。特集に掲載された［松原　二〇一四］と［藤野　二〇一三b］

は、いずれも言語論的転回をふまえた新たな史料読解論であり、史料読解の認識構造に言及しながら、表象と主体をあらためてつなぐ試みがされている。通例、史料読解の認識構造が明らかにされることは少ない。だが、言語論的転回後の歴史学にとって肝要なことは、歴史叙述の背後に隠れがちな史料読解の認識構造を含めて歴史を叙述することである（四）。

先に歴史学の見直しと歴史の見直しが連動しているところに「新自由主義の時代の歴史学」の特徴があると述べた。この連動について考えるヒントを、二〇一二年に「歴史学のアクチュアリティ」をテーマにして開催された歴研七〇周年のシンポジウムから得ることができる〔歴史学研究会編　二〇一三〕。

報告をした五人の歴史家のなかで岸本美緒と栗田禎子は、歴史学のアクチュアリティをめぐって、大きく異なる論点を提示している〔岸本　二〇一三〕〔栗田　二〇一三〕。帝国主義と「たたかいの記憶」を軸にして現代史の組み替えを主張した栗田は、「現代史」へのコミットメントにこそアクチュアリティがあると考えるのに対して、岸本は「日常生活」の「気づき」「驚き」を重視し、「日常生活」にこそアクチュアリティの足場があるとした〔池・大門　二〇一三〕。

二人の議論は対照的にみえるが、岸本の整理もふまえれば、今まで日本の歴史学では、歴史認識の立場性（ポジショナリティ）から現実へのコミットメントを問題にしてきたのに対して、actを含み、「現実」「実在」とも訳されるアクチュアリティの場合には、同じ現実へのコミットメントであっても、研究者個々人がコミットする際の身振りやふるまいまで含むところに特徴がある［池・大門　二〇一三：ⅱ〜ⅲ］。アクチュアリティは、現実へのコミットメントとコミットする際の身振りやふるまいを含むと整理してみれば、二人の議論は、まずは自分の足場や拠点を示したものであり、もう一つの論点を否定しているわけではない。岸本は、まず「日常生活」での「気づき」やふるまいに歴史学のアクチュアリティの足場があると考えており、そここそが現実にコミットメントする源泉だと考えている。それに対して栗田は、「現代史」のアクチュアリティに歴史学のアクチュアリティの拠点を定めているが、エジプト「民衆革命」を通じて「歴史に追い抜かれた瞬間」を味わったとする個所や、3・11をめぐる言及には、栗田自身の経験と自己論及が含まれており、自分の身振りやふるまいを含めて「現代史」のアクチュアリティを考えていることがわかる。

認識論的な問いと新自由主義が重なる時代状況では、歴史と歴史学の根本的な見直しなしに歴史学を論じることはできない。その際に必要なことは、一人ひとりの歴史家が、たとえば史料読解の認識構造を論じることで歴史学の存在を証明することであり、同時にその歴史家がアクチュアリティにどのように向き合っているのかを論じることである。現実とどのように接したときにアクチュアリティを獲得できるのか、岸本と栗田の議論からは、歴史学のアクチュアリティを考えるうえで大事な示唆を得ることができる。

今までの検討をふまえ、第四次の課題をいったん整理しておく。二〇〇〇年から二〇一五年に至る歴史学で留意すべきことは、歴史像の見直しがあらわれてきたことであり、さらに歴史学のあり方をあらためて検証しようとする機運がでてきたことである。そこでの機運は、史料の収集・選択・読解から歴史叙述に至る歴史学の営為の全面におよぼうとしている。歴史学の営為とは歴史家の実践のことであり、歴史家の実践に焦点が合わせられていることもこの間の歴史学の特徴である。第三次の『成果と課題』では、構築主義的な認識に焦点が合わせられていたのに対して、第四次の対象時期になると、歴史学に固有の営為、歴史家に固有の実践とは何かが問われ、それらの全面的な検証に向かいつつある。とくに、歴史家の感情やふるまい、言葉が問題にされ、史料選択や歴史学の課題設定に向かう歴史家の感度や内面を含めて議論されつつあること、史料読解の認識構造を含めて史料読解に焦点が合わせられていること、史料読解から歴史叙述に至る過程の検証に光があてられていることは、第四次の大きな特徴である。認識論的な問いと新自由主義の時代が重なる状況に対し、第四次の重要な課題として、歴史学に固有の営為、歴史家に固有の実践とは何かを問うことが求められている。

四　歴史実践と「歴史家をかこむ磁場」

二〇〇四年に保苅実は、「日常的実践において歴史とのかかわりをもつ諸行為」を「歴史実践」と呼び、アボリジニの歴史実践を考えようとした〔保苅　二〇〇四：五〇〕。歴史は誰のものかという問いを立てるためであり、そこから保苅は、歴史と歴史学を再検討しようとした。

それに対してここでは、歴史の研究や教育に携わる人びとが歴史にかかわる諸行為を「歴史実践」とする。具体的には、歴史の史料・方法・叙述を通じて歴史を研究し、教えること、社会にかかわること（歴史の運動）を歴史実践とし、歴史実践とそれらをとりまく環境を「歴史家をかこむ磁場」と呼ぶ。留意すべきは、歴史を通じて社会にかかわることだけを歴史実践と呼ぶのではなく、歴史に携わる人びとが日々とりくむ史料・方法・叙述から研究、教育、社会にかかわることを一連のこととして歴史実践と呼ぶことである。歴史と歴史学をあらためて問い直すためには、史料・方法・叙述を含めた歴史の実践的行為を見つめ直す必要があると判断したからである。

いまあらためて〔保苅　二〇〇四〕を読むなかで、「自覚」という言葉が浮かんできた。歴史実践の設定を通じて、保苅は歴史と歴史学に対してたえず自覚的であろうとする。アボリジニの歴史実践を反射鏡のようにして、自らの歴史実践を自覚的にとらえ直そうとする。同様に、第四次の『成果と課題』において、歴史実践と「歴史家をかこむ磁場」を検討する際に大事なことも「自覚」である。歴史の研究や教育に携わる人びとは、歴史実践と「歴史家をかこむ磁場」をいかに自覚し、歴史にかかわる諸行為はいかに自己言及的に取り組まれているのか否か。先の安丸の議論や、岸本と栗田の論文は、その点にかかわるものである。

おわりに

第四次の『現代歴史学の成果と課題』の課題設定と編集方針を見定めるために、戦後の歴史学の変遷をたどり、一九九〇年代から現在に至る時代の歴史学は、「新自由主義の時代と歴史学」と位置づけることができること、この時代の歴史学にあって重要なことは、認識論的な問いと新自由主義の時代が重なる時期にあることをふまえること、そのもとで歴史の見直しと歴史学の見直し、歴史家の自覚と歴史実践に言及してきた。この時代状況のなかで、とくに二〇〇〇年から二〇一五年までの歴史学はどのような特質をもっているのか、その成果と課題を検証することが第四次の役割である。

ここで述べてきた「歴史学の現在」をふまえるとき、第四次の『成果と課題』編集委員会は、この一五年間の歴史学の特質を照射するためには、次の三つの側面から光をあてる必要があると判断した。歴史学の方法、歴史像、歴史実践の三つである。第四次は、この三つでそれぞれ巻を構成し、三巻構成とした。

第一巻は「新自由主義の時代と歴史学」と題し、認識論的な問いと新自由主義の時代が重なるもとで、歴史把握の方法はどのような特徴をもっているのかをまとめて論じる。歴史学は個別の状況を説明するだけでなく、全体史に向かっているのか否か、向かっているとしたらどのような全体史を志向しているのか。この一五年のあいだに、歴史把握の方法の批判的検証はどのようにおこなわれ、新しい歴史把握への志向はどのようにあらわれているのか。今を生きるなかで過去を問う歴史学には、過去と現在に対する批判的精神がどのように存在するのか、存在しないのか。歴史学の方法をめぐっては、単なる研究史の整理ではなく、歴史学の新しい動向の意味がわかるような論点の設定、新しい研究動向を促すような論点提示が必要だと考え、第一巻を編集した。

第二巻は「世界史像の再構成」である。今までの『成果と課題』では時代区分と歴史像は別に議論される傾向があった。それに対して、一九九〇年代以降、国民国家の枠をこえた地域史・海域史をめぐる議論が活発になり、歴史像・地域史像の側から時代区分を問い直す傾向がみられるようになった。この点をふまえ、第二巻では、時間と空間のかかわりを含めて世界史像はどのように再構成されてきているのか、そこに焦点を合わせる。

第三巻は「歴史実践の現在」である。今までは「歴史認識」「歴史意識」などとして議論されてきた領域に対して、新たに「歴史実践」の視点を導入した。歴史修正主義の跋扈や人文社会科学の危機、若手研究者問題など、歴史学をとりまく環境をふまえたうえで、歴史の研究や教育に携わる人びとが歴史にかかわる諸行為を「歴史実践」とし、歴史をめぐって日々とりくまれる史料・方法・叙述から研究、教育、社会にかかわることを一連の歴史実践と位置づけ、歴史実践の現在を検証する。

以上の三巻によって、二〇〇〇年から二〇一五年における歴史学の成果と課題を明らかにする。

【参考文献】

・秋田茂「グローバルヒストリー研究から見た「植民地責任」論の問題点」『歴史学研究』第八六五号、二〇一〇年

・浅田進史「歴史学のアクチュアリティと向き合う」歴史学研究会編『歴史学のアクチュアリティ』東京大学出版会、二〇一三年

・池享・大門正克「まえがき」歴史学研究会編『歴史学のアクチュアリティ』東京大学出版会、二〇一三年〈本書収録〉

・大門正克『歴史への問い／現在への問い』校倉書房、二〇〇八年

・大門正克「「生存」を問い直す歴史学の構想——「一九六〇～一九七〇年代の日本」と現在との往還を通じて」『歴

史学研究』第八八六号、二〇一一年
・大門正克「解題―歴史学研究会の証言を読むために」歴史学研究会編『証言　戦後歴史学への道』青木書店、二〇一二年〈本書収録〉
・岡山地方史研究会『岡山地方史研究』第一三四号、二〇一四年
・小沢弘明「新自由主義下の社会」安田常雄編集『シリーズ戦後日本社会の歴史1　変わる社会、変わる人びと』岩波書店、二〇一二年
・鹿野政直『化生する歴史学―自明性の解体のなかで』校倉書房、一九九八年
・岸本美緒「中国史研究におけるアクチュアリティとリアリティ」歴史学研究会編『歴史学のアクチュアリティ』東京大学出版会、二〇一三年
・木畑洋一『二〇世紀の歴史』岩波新書、二〇一四年
・キャロル・グラック「安倍政権と戦争の記憶」『朝日新聞』二〇一三年八月二〇日
・栗田禎子「現代史とは何か」歴史学研究会編『歴史学のアクチュアリティ』東京大学出版会、二〇一三年
・杉山伸也『グローバル経済史入門』岩波新書、二〇一四年
・ステッドマン・ジョーンズ、ギャレス「日本語版への序文」長谷川貴彦訳『階級という言語―イングランド労働者階級の政治社会史　1832～1982年』刀水書房、二〇一〇年
・遅塚忠躬『史学概論』東京大学出版会、二〇一〇年
・永原陽子「世界史のなかの植民地責任と「慰安婦」問題」西野瑠美子ほか編『「慰安婦」バッシングを越えて―「河野談話」と日本の責任』大月書店、二〇一三年
・永原陽子編『「植民地責任」論―脱植民地化の比較史』青木書店、二〇〇九年
・成田龍一・小沢弘明・戸邉秀明「座談会：戦後日本の歴史学の流れ」『思想』第一〇四八号、二〇一一年
・西野瑠美子・小野沢あかね編『日本人「慰安婦」―愛国心と人身売買と』現代書館、二〇一五年
・長谷川貴彦『現代歴史学への展望―言語論的転回を超えて』岩波書店、二〇一六年

・藤野裕子「歴史学をめぐる承認―隔離―忘却」歴史学研究会編『歴史学のアクチュアリティ』東京大学出版会、二〇一三年a
・藤野裕子「表象をつなぐ想像力―ルポルタージュ読解試論」『歴史学研究』第九一三号、二〇一三年b
・保苅実『ラディカル・オーラル・ヒストリー―オーストラリア先住民アボリジニの歴史実践』御茶の水書房、二〇〇四年
・松沢裕作「歴史学のアクチュアリティに関する一つの暫定的立場」歴史学研究会編『歴史学のアクチュアリティ』東京大学出版会、二〇一三年
・松原宏之「歴史の変動、歴史家と変革―レイモンド・フォスディックと第一次世界大戦期アメリカ改良運動の交錯する波」『歴史学研究』第九一三号、二〇一三年
・水島司『グローバル・ヒストリー入門』山川出版社、二〇一〇年
・安丸良夫「はしがき」『〈方法〉としての思想史』校倉書房、一九九六年
・安丸良夫「表象の意味するもの」歴史学研究会編『現代歴史学の成果と課題　一九八〇―二〇〇〇　Ⅰ　歴史学における方法的転回』青木書店、二〇〇二年a
・安丸良夫「20世紀―日本の経験」加藤哲郎・渡辺雅男編『20世紀の夢と現実―戦争・文明・福祉』彩流社、二〇〇二年b
・安丸良夫『文明化の経験―近代転換期の日本』岩波書店、二〇〇七年
・歴史学研究会『歴史学研究』第八三九号、二〇〇八年
・歴史学研究会『歴史学研究』第九二四号、二〇一四年
・『歴史学研究会　特集　史料の力、歴史家をかこむ磁場―史料読解の認識構造』Ⅰ〜Ⅲ、第九一二〜第九一四号、二〇一三―二〇一四年
・歴史学研究会編『歴史学のアクチュアリティ』東京大学出版会、二〇一三年
・歴史学研究会・日本史研究会編『「慰安婦」問題を／から考える―軍事性暴力と日常世界』岩波書店、

二〇一四年

【注】

（一）ここは戦後歴史学そのものを激論する場ではないが、戦後歴史学をめぐっては、一九五〇年代における戦後歴史学の形象化と江口朴郎、荒井信一らの方法的反省を含めて理解する必要がある［大門二〇一二］。

（二）その後、二〇一五年六月にも、大阪歴史科学協議会大会が「新自由主義と現代歴史学の課題」のテーマで開催されている。

（三）岡山地方史研究会では、二〇一四年七月に『歴史学研究』のこの特集の合評会を開催し、その成果をまとめている［岡山地方史研究会　二〇一四］。合評会には、岡山地方史研究会の会員をはじめとして、特集執筆者や歴研編集委員など全国からの参加者を含めて五〇名が出席し、「熱気」のこもった討論をおこなった（［岡山地方史研究会　二〇一四］「編集後記」）。

（四）長谷川貴彦は、英語圏における言語論的転回とその後の変化について言及している［長谷川　二〇一六：二〇六］。一九八三年に言語論的転回による歴史書を出版したステッドマン・ジョーンズは、二〇一〇年に日本語版が刊行されたとき、言語論的転回後における歴史家のアプローチの変化についてふれ、歴史家は「史料の内部において言語的な慣例が作動している」点に留意して、「いっそうの洞察力を必要とする複雑な織物をなす分析」をするようになったとして、言語／史料に向き合う「歴史家の実践」に言及している［ステッドマン・ジョーンズ　二〇一〇：ｘ～ｘⅲ］。言語論的転回をふまえた史料読解論の試みであり、松原や藤野を含め、史料読解論は、言語論的転回後の歴史学の重要な検討課題になっている。

【補注】

◎「序論　歴史学の現在――二〇〇一〜二〇一五年」歴史学研究会編『第四次　現代歴史学の成果と課題　第一巻　新自由主義時代の歴史学』績文堂出版、二〇一七年、所収。

歴史学研究会は、一九七〇年代以来、『現代歴史学の成果と課題』を三次にわたって刊行してきた。それにつづき、二〇〇〇年〜二〇一五年を対象にした第四次の『成果と課題』を刊行することになり、歴史学研究会委員会のもとに『成果と課題』の編集委員会が置かれることになった。編集委員は、小沢弘明、岸本美緒、栗田禎子、中野聡、若尾政希と私の六名である。

ここに収録した文章は、第四次『成果と課題』全体の「序論」として、第一巻の冒頭におかれたものである。ここでは、対象とする二〇〇〇年から二〇一五年を、認識論的な問いと新自由主義の時代状況が重なる時期と位置づけ、そのもとで歴史の見直し（歴史像の見直し）と歴史学の見直しがどのように進行し、それらを歴史家がどのように自覚しているのかに焦点をあわせて検討している。

なお、この文章の収録にあたっては、趣旨をかえない範囲で、「はじめに」で『成果と課題』の第一次から第三次にまで言及するなど、若干の編集をおこなった。

2　新自由主義時代の歴史学とは

はじめに

新自由主義時代は世界史の画期である。ソ連・東欧の社会主義が瓦解し、冷戦構造が崩壊した一九九〇年代以降、グローバル化と新自由主義の時代の相貌が明瞭になってきた。二〇一六年の現在は、グローバル化と新自由主義の時代にある。一九九〇年代以降に新自由主義時代が明瞭になってくると、その時代の起点はさらに一九七〇年代にあったことがよく見えてきた。一九七〇年代は、新自由主義時代の世界史が始まる時代であり、なおかつ、戦後の日本史を分割する大きな画期でもある。

「新自由主義時代の歴史学」を考えるにあたり、以下の三つに留意したい。①新自由主義時代について素描するとともに、②冷戦構造崩壊と地域統合などが重なった一九九〇年代には、グローバル化と新自由主義とは異なる、もうひとつの歴史の見直しが進行したことに留意する。日本では見えにくいことだが、冷戦構造崩壊後の一九九〇年代には、植民地主義や奴隷制を見直し、社会的公正を再定義しようとする動きや、地域統合を通じて紛争を平和的手段で解決しようとする潮流がつくられている。③①と②の進行は、歴史学にも大きな影響を与え、二一世紀における歴史学では、世界史に対する認識枠組みが大きく問われている。と同時に、この時期の歴史学は、一九七〇年代以降の社会史の展開、一九九〇年代における国民国家論と言語論的転回の影響のもとにあることにも留意する必要がある。

一　起点としての一九九〇年代①——新自由主義の時代

一九八〇年代における東欧革命とソ連崩壊、それによる冷戦構造崩壊により、アメリカ合衆国を中心とした資本によるグローバリズムの傾向が強まった。金融のグローバル化や多国籍企業のいっそうの世界展開が進むなかで、市場原理や個人の自由を最優先し、政府による市場介入を抑制する新自由主義（ネオリベラリズム）の思想が強力に広がった。新自由主義のもとで、国際市場へのアクセスが容易な多国籍企業は競争上の優位を獲得し、他方で発展途上国は先進国と比して不利な条件のもとにおかれる傾向が強くなった。金融のグローバル化のもとで国際的な投機が過熱し、資本はより安価な労働力を求めて外国人労働力や非正規労働力などを導入し、あるいは賃金の低い発展途上国に進出するので、世界の各所で経済の不安定化が生じることになった。

新自由主義の思想が出現したのは一九三〇年代であったが、一九九〇年代以降に新自由主義の思想が世界的な規模で広まると、新自由主義は一九七〇年代に重要な起点があったことがよく見えてきた。一九七〇年代にはドルショックとオイルショックの二つのショックによって世界的な規模で景気が後退し、石油価格高騰によって、不景気のもとでも物価上昇が続くスタグフレーションになると、ケインズ主義では効果が出ないとして経済政策の中心が財政から金融に移行し、金融政策を軸に物価抑制をはかる経済政策が世界で影響力をもつようになった。一九七九年におけるイギリスのサッチャー政権誕生とサッチャリズム、一九八一年におけるアメリカのレーガン政権成立によるレーガノミックス、一九八二年における日本の中曽根康弘政権成立の経済政策は、福祉・公共サービスの縮小と公営事業の民営化、規制緩和による競争促進を進めようとした点で共通性があった。いずれも、自己責任を標榜して小さな政府を推進し、市場原理主義を強める点で、新自由主義の経済政策であったと特徴づけることができる。

一九九〇年代以降の新自由主義の進行は、経済や社会から学問など各所におよび、大きな影響をおよぼしている。とくに歴史学を担う若手研究者養成にかかわる大学については、知識資本主義の中核にすえる政策が進行し、国立大学の「自律性」を高める名目のもとで国立大学の法人化が進められた。このもとで、国立大学の基盤的経費である運営費交付金の減少と競争的資金の増加が目論まれ、大学間競争の激しい時代が到来した。大学では、知識資本主義を支える理系の科学技術振興の優先と文系の人文社会科学の縮小が対照的に進行し、歴史学にかかわる教育組織やポストは縮小再編され、競争的資金増大のもとで若手研究者には任期付ポストが増加して、歴史学の学問的蓄積を継承する基盤と担い手が減退している。歴史学は、このような新自由主義時代のもとで進めざるをえない状況に追い込まれている。

グローバル化は歴史学そのものに大きな影響を与え、グローバル・ヒストリーへの関心が高まっている。グローバル・ヒストリーとは、長期の歴史的動向に関心を示し、リージョナルな地域を対象にして奴隷貿易、移民、通商、疾病、環境など地域横断的なテーマを設定し、国民国家の枠組みをこえて展開する歴史の動向に焦点を合わせるものである。他方で、グローバル化と新自由主義のもとで、市場原理主義の強まりによる格差拡大を通じて息苦しさが世界的な規模でひろがり、ナショナリズムや対立（ヘイトスピーチ、民族間対立など）を煽る雰囲気から、ナチスや過去の帝国を賛美する動きも出ている。

二　起点としての一九九〇年代②――もうひとつの歴史の見直し

冷戦構造の崩壊とグローバル化、ＥＵなどの地域統合の進展のもとで、二〇世紀の歴史を見直し、さらには歴史全体を見直す機運が強まってきた。そこには、グローバル化と新自由主義の影響による歴史の見直しとは異なる、もうひとつの歴史の見直しの機運があらわれている。その象徴が二〇〇一年のダーバン会議である。国連主催によりダーバンで開催された「人種主義、人種差別、排外主義、および関連する不寛容に反対する世界会議」は、奴隷制と奴隷貿易、植民地主義について歴史的評価を下し、「人道に対する罪」にも言及した画期的会議になった。植民地問題があらためて顕在化し、「植民地責任」を論じる必要性が提起されるようになった（永原陽子編『「植民地責任」論――脱植民地化の比較史』青木書店、二〇〇九年）。

ダーバン会議の前史には、第二次世界大戦後の国際軍事裁判などがあり、一九九〇年代以降における植民地と軍事暴力に対する認識変化があった。第二次世界大戦におけるドイツの戦争犯罪を裁くために、一九四五年一一月から翌年一〇月まで、国際軍事裁判として開かれたニュルンベルク裁判では「人道に対する罪」が提起され、一九四八年には、戦時・平時の大量殺害を罪とするジェノサイド条約が締結された。この条約は、ただし長いこと実行されず、日本は未批准であった。ジェノサイド条約がはじめて適用されたのは、一九九〇年代のユーゴスラビア内戦とルワンダ内戦においてであり、一九九八年には、さらに国際刑事裁判所が設置されて、性暴力も「人道に対する罪」と規定された。この規定は、「慰安婦」問題や植民地問題の理解にかかわるものであり、植民地支配を見直す機運をつくることになった。

あわせて一九九〇年代には、アメリカにおける「黒人への補償」が進展し、さらに南アフリカのマンデラ大統領は、アパルトヘイトに対して、一九九六年に真実和解委員会を設置した。真実和解委員会設置の背景には、「慰安婦」問題の新たな展開があった。一九九一年、韓国に住む金学順は、自分がかつて「慰安婦」であったことを告白した。アジア・太平洋戦争における日本軍の慰安所と「慰安婦」の存在はすでに知られていたが、当事者の告白は世界と日本に大きな衝撃を与えた。南アフリカの真実和解委員会の設置は、「慰安婦」とされた女性たちが公然と日本政府に償いを求めたことに大きな影響を受けたものだった。真実和解委員会は、現在、世界の一五ヵ国で設置されている。

一九九〇年代において、植民地と軍事暴力への認識が変化した背景には、冷戦構造の崩壊があった。冷戦構造が強く存在していた二〇世紀後半においては、さまざまな歴史的事象を東西の冷戦で説明する傾向が強かった。冷戦構造の崩壊は、東西の冷戦による歴史の説明に再検討を迫った。そこから浮かび上がってきたことは、植民地主義（ポストコロニアル）の課題が依然として強く継続し、歴史における軍事暴力や奴隷の問題が放置されてきた現実であった。

　アメリカの歴史学者であるキャロル・グラックは、グローバル化は新自由主義と一体となって市場原理主義を強めるだけでなく、歴史の国際規範を促しているとして、一九九〇年代以降、「グローバル記憶文化」が形成されているとする（「安倍政権と戦争の記憶」『朝日新聞』二〇一三年八月二〇日）。戦後から一九五〇年代の国家は、大量殺害や植民地での虐殺、性暴力について、個人に謝罪することはなかったが、一九九三年にＥＵ（欧州連合）が誕生すると、ドイツにおけるホロコーストはドイツの歴史にとどまらず、ＥＵ加盟国でホロコーストに関する教育がとりくまれ、ホロコーストはヨーロッパ共通の記憶になってきた。

　日本ではみえにくいことだが、冷戦構造崩壊とグローバル化のもとでのもうひとつの歴史の見直しは、日本の内外でもみられる。

　日本の外では日本をとりまく地域統合の動きがある。東南アジアでは、一九六七年に五ヵ国で設立された東南アジア諸国連合（ＡＳＥＡＮ）が、「すべての東南アジア諸国に門戸を開放」（設立時のバンコク宣言）し、現在の加盟国は一〇ヵ国にまでひろがっている。この間、東南アジアでは、東南アジア友好協力条約（一九七六年に「紛争の平和的手段」のために締結、現在三一ヵ国批准）、ＡＳＥＡＮ地域フォーラム（一九九四年）、東南アジア非核兵器地帯条約

（一九九五年）、南シナ海協力宣言（二〇〇二年）、東アジア首脳会議（二〇〇五年）、ASEAN憲章（二〇〇七年に「戦争放棄」で締結）、インド・太平洋友好協力条約（二〇一三年）、ASEAN経済共同体創設（二〇一五年、一〇ヵ国内外の安定と平和に対してASEANが主導的役割をはたす）という具合に、条約や憲章を幾重にも結ぶことで、東南アジアの地域統合の絆を強めてきている。この間、中国は南シナ海の領土権を主張し、東南アジア各国と対立しているが、日本とすぐ近くの東南アジアでは、グローバル化と新自由主義が世界的に強まる一九九〇年代以降、地域統合を強めるかたちで対応していることに留意しておきたい。

同じような動向は南アジアでも確認できる。南アジアでは、インド、パキスタンなど七ヵ国が加盟して、一九八五年に南アジア地域協力連合（SAARC）が創設された。長年にわたるインドとパキスタンの紛争への抑制や、インドへの他国の対抗など、いくつかの思惑が重なって創設されたものであるが、地域統合を通じて近隣の紛争を抑制し、経済協力を通じて福祉や生活水準を向上させる共通目的で取り組まれている。

地域統合の動きが強まっていることは、世界における非核地域条約のひろがりからも確認できる。一九五九年に締結された南極条約は、軍事基地をつくらないことに加えて、核実験も核の持ち込みも禁止し、南極の平和利用を定めた。南極条約を出発点として、非核地域条約は、その後、宇宙、ラテンアメリカ・西インド諸島、海底、南太平洋で結ばれ、一九九〇年代以降も、東南アジア、モンゴル、中央アジア、アフリカ大陸で締結されている。現在、世界の南半球は、すべて非核地域条約でおおわれている。

世界の国民国家は、政治・宗教・民族・経済発展など、さまざまな相違をもつ。それらが近隣各国の対立や紛争の原因になることが少なくない。これらの対立が軍事的手段を用いた戦争に展開することを抑制し、平和的手段による紛争の解決をはかるために、世界の各国は、宗教や民族の対立を乗り越え、対話と信頼を醸成する地域的な努力を重ねてきた。戦後に各地域ではじまった地域統合の動きは、グローバル化と新自由主義が強まる一九九〇年代以降もやむことなく、むしろ新自由主義による経済の不安定化に対処するために強まる傾向をみせている。

日本の外での動き以上に、日本のなかでのもうひとつの歴史の見直しはいっそう見えにくく、むしろ日本ではヘイトスピーチが街頭やネットで高まっている印象が強い。とはいえ、一九九〇年代以降に、日本のなかで歴史を見直すもうひとつの動きがなかったわけではない。

何よりも、一九九〇年代は、先述のように、金学順の告白で幕を開けた。一九九五年の戦後五〇年では、不十分ながら政府見解として、河野洋平官房長官による政府公式見解（「河野談話」一九九三年八月）がだされ、さらに二〇〇〇年には、市民ＮＧＯによる女性国際法廷が東京で実現した。しかし、このころから「慰安婦」の発言を否定・封殺する動きが強くなり、二〇一〇年代に入ると、「慰安婦」の強制連行の事実自体が根拠を失ったり、「慰安婦」に対する暴力の事実そのものが否定されたりするような言動が相次いでいる。

他方で、二〇〇〇年代には、歴史における国家の責任を認める裁判が続いた。二〇〇一年、熊本地方裁判所は、国のハンセン病政策は憲法違反であることと国家賠償を認める判決をだした。二〇〇六年、神戸地方裁判所は、中国残留邦人への国家賠償請求を認める画期的な判決をだした。この判決が画期的であったのは、日本国憲法の価値観から考えると、戦闘員でない一般日本人を満州で無防備な状態においたのは、自国民の生命と身体を非常に軽視する政策であり、その政治的責任は重大であるとして、国家賠償請求を認めたことである。判決文では、残留孤児を発生させた戦前の政府の満州移民政策の評価は歴史家の問題だとしながらも、日本国憲法と政府の政治的責任の関係を明快に指摘し、この点から戦前にもかかわる問題に対してふみこんだ判断を示したことである。冷戦構造崩壊後には、世界の歴史だけでなく、日本の歴史もまた問い直されていたのであり、二つの判決は、この時代状況のもとで国の責任を明確に認めたものであった。

一九九〇年代以降の時代では、グローバル化と新自由主義が結びつき、国家が支える市場原理主義が強力に展開するもとで、人びとのおかれた状況は不安定になり、各所でナショナリズムや民族主義が強まっている。他方で、冷戦構造の崩壊は、もうひとつの歴史の見直しを促し、植民地主義や軍事暴力、奴隷などをめぐり、歴史の新しい国際規範が議論されている。歴史における公正と正義が激しく攻防し、再定義が試みられているのが新自由主義時代にほかならない。

三　新自由主義時代の歴史学

新自由主義時代における歴史学については、とくに次の三つが重要な課題である。

第一は、世界史認識が大きな焦点になっていることである。たとえば、二〇一四年には、岩波新書で対照的な二冊の本が発刊されている。杉山伸也『グローバル経済史入門』と木畑洋一『二〇世紀の歴史』である。前著は、プロローグに「グローバル・ヒストリーのなかのアジア」を設定し、現在のアジア経済発展、地域史（海域史）の発展を重視してグローバル経済史を描く。それに対して後著は、定点観測（アイルランド、南アフリカ、沖縄）をしつつ、帝国主義の視点であらためて二〇世紀の歴史を再検討する。

二冊の本の焦点は世界史・アジア・地域（海域）の諸関係の理解にあり、その背景として、一九九〇年代以降のグローバル化をどうとらえるかが大きな焦点になっている。前著は、一九九〇年代以降のグローバル化にあたり、グローバル経済化、アジアの経済発展、帝国の歴史・海域史との接点を重視して、歴史を把握し直しているのに対して、後著は、一九九〇年代のグローバル化以降、あらためて帝国主義の歴史が重要な焦点になっているという認識のもと、二〇世紀の歴史を帝国主義と植民地主義の視点からたどり直している。

一九九〇年代以降のグローバル化に、二つの本が指摘するような側面がそれぞれあることは先に指摘をした。ここでは、「公正」と「正義」の歴史認識を持ちうるか否かが日本のなかで問われている事例を二つ紹介する。ひとつは、二〇一五年一一月、鹿野政直、戸邉秀明、冨山一郎、森宣雄の四名によって出された「戦後沖縄・歴史認識アピール」である。その年の夏、米軍普天間飛行場の代替施設として沖縄県名護市辺野古に新基地を建設する問題の是非をめぐって、沖縄県と日本政府のあいだで一ヵ月にわたる集中協議がおこなわれた。集中協議の場で菅官房長官は、「私は戦後生まれなので沖縄の歴史はなかなか分からない」、そのため日米両政府間の一九年前の「辺野古合意がすべてだ」と語ったという。

「戦後沖縄・歴史認識アピール」は、菅官房長官が、「自分が継承する政府の行為を「戦後生まれ」といった個人的理由で否認する、驚くほどの無責任さ」を批判するだけでなく、政府当局者に、「歴史の事実や、その歴史のなかで犠牲を強いられたひとの痛みを省みない発言をしてもかまわないと思わせている日本の政治・言論状況や歴史認識の現状にこそ、問題の根はある」として、「公正な歴史認識をともにつくることを呼びかける声明」をだして「戦後沖縄・歴史認識アピール」への賛同を求めた。ここで「公正な歴史認識をともにつくる」と指摘されていることに留意したい。グローバル化と新自由主義の時代にあって、「公正な歴史認識」の定義があらためて問われているのである。

もうひとつは「慰安婦」問題についてである。二〇一五年一二月の日韓外相会談後の共同記者発表では、「慰安婦」問題に対して日本側が韓国に一〇億円の資金を拠出することで合意し、今回の合意によって「慰安婦」問題は「最終的かつ不可逆的に解決されることを確認」したと述べた。しかし、元「慰安婦」が不在であり、歴史認識の強奪につながる可能性すらある「不可逆的な解決」は、一九九〇年代以降のもうひとつの歴史の見直しや「公正」「正義」の再定義の試みとは真逆の動きであり、世界における歴史認識をめぐる議論に耐えられるものではない。もうひとつの歴史の見直しを含めて、世界史認識をどのように再構築するのか、そのことが問われている。

第二に、一九九〇年代以降の歴史学において、「生きること」「いのち」「生存」への関心がひろがっている。背景として、一九九〇年代以降、格差と息苦しさが広がるなかで、人びとの歴史的存在をあらためて根本的にとらえ直そうとする機運があること、グローバル化と新自由主義のもとで世界史認識が大きく問われるなかで、歴史把握の方法を根本的にとらえ直そうとする機運があることを指摘することができる。

たとえば、この間、「生きること」をタイトルに選んだ歴史書が二冊発刊されている。塚本学『生きることの近世史――人命環境の歴史から』（平凡社、二〇〇一年）と倉地克直『「生きること」の歴史学――徳川日本のくらしとこころ』（敬文舎、二〇一五年）である。前著では、「生きること」が喫緊の課題であるとして、自然から政治まで、江戸時代における人命をめぐる環境を総合的にとらえようとしたものであり、後著は、江戸時代のくらしやこころについて研究してきた著者が、「身の丈」（からだとこころ、家、一片の史料）から考えて村や国家におよび、再び「身の丈」にもどってくるようなかたちで「生きることを」を考え、そこから歴史全体を見渡すことの必要性を提起したものである。前著には、グローバル化のもとで歴史を根源的に考えようとする姿勢があり、後著には、3・11後にあらためて歴史を考えようとする構えがある。

「いのち」については、沢山美果子の問題提起がある。沢山は、『江戸の捨て子たち』（吉川弘文館、二〇〇八年）や『近代家族と子育て』（吉川弘文館、二〇一三年）などを通じて、地域で捨て子を守ってきた近世の段階から、近代になると近代家族の形成と子育てに集約される歴史過程を追究し、そこから「いのち」を核にして家族・地域・国家の関係をあらためて検討する課題を提起している。さらに、「生存」については、大門正克「序説「生存」の歴史学」（『歴史学研究』第八四六号、二〇〇八年）や、大門正克「「生存」の歴史――その可能性と意義」（大門ほか編『「生存」の東北史』大月書店、二〇一三年）などにより、「生存」、すなわち生きることとの側から、人間と自然、労働と生活、国家と社会の三つの次元の関係に整理できる「生存」の仕組みの検討を通して、歴史の全体性を再検討する必要性が提起されている。「生きること」や「生存」「いのち」の視点からの歴史学が、新自由主義時代においてどのように展開するか、注視する必要があるだろう。

第三に、一九七〇年代以降の社会史の展開、一九九〇年代以降の国民国家論と言語論的転回、構築主義の影響のもとで、歴史学のあり方が大きく見直されてきた。新自由主義時代の歴史学も、歴史学を見直す大きなうねりのなかにあることに留意する必要がある。

この点で、長谷川貴彦『現代歴史学への展望——言語論的転回を超えて』（岩波書店、二〇一六年）は、言語論的転回／転回後の欧米の歴史学の最新状況を知らせ、そこから日本の歴史学のあり方への提言をおこなうものであり、歴史学の動向を知るのに参考になる。長谷川によれば、言語論的転回後における欧米の歴史学では、行き過ぎた転回の影響を是正し、言語論的な位相を具体的な歴史過程のなかに再挿入して、歴史の複雑な因果関係を解釈することに歩み出ているとする。焦点は、あらためて資料を厳密にどのように読むかであり、その際に、一人称によって書かれた自伝や日記、書簡などのエゴ・ドキュメントに注目が集まり、女性や貧民、奴隷などの語りの読解を通じて、パーソナル・ナラティブの歴史学研究が盛んになりつつあるとする。

右のような関心は、歴史学の営為の全面的な再検討に通じるものであり、実際、この間の日本でも歴史学の全面的な再検討の動きが各所でみられている。ふたつの例を紹介する。

ひとつは、『歴史学研究』の特集「史料の力、歴史家をかこむ磁場――史料読解の認識構造」である（Ⅰ～Ⅲ、第九一二～第九一四号、二〇一三～一四年）。この特集では、今までの史料論が、史料と「事実」の関係について議論してきたのに対して、この特集では歴史家が史料を読み解くことに焦点を合わせ、史料を読み解く際の歴史家の認識構造に光をあてることで、歴史学の営為（歴史家の仕事）の重要な部分を解明するものとなっている。歴史学では、通例、史料収集―歴史像形成―歴史叙述という過程をたどって作品を完成させる。この過程には、実際には、収集した史料をどのように読解するのかという作業があるが、歴史叙述では、使用した史料や文献は明記されるものの、史料をどのように読解したのかについては叙述されることがほとんどなく、歴史家の隠れた作業になっている。ただし、史料をどのように読解したのか、史料読解の認識構造はいかなるものであるのかということは、歴史学の営為（歴史家の仕事）を特徴づけるきわめて重要なものであり、右の特集は、その点に光をあてることで、歴史学のあり方そのものを問い直すものになっている。この特集にはまた、言語論的転回をふまえて新たな史料読解を試みた論文も含まれている（藤野裕子「表象をつなぐ想像力」、松原宏之「歴史の変動、歴史家の変革」、いずれも第九一三号）。その点でこの特集には、言語論的転回後の歴史学のあり方を考えるうえでも重要な問題提起が含まれている。

もうひとつは、池上俊一の連載「歴史学の作法」である（東京大学出版会『UP』）。第一回「すべてを歴史の相の下に」（二〇一五年一月号）から第一一回「感情史の可能性」（二〇一六年九月号）まで、池上はあらためて歴史学の作法を全面的に検討することで、歴史学が存在する意味を根本的に問い直そうとしている。この作業の背後に、言語論的転回後の歴史学をめぐる環境や新自由主義時代があることはいうまでもない。

日本において、一九九〇年代以降のグローバル化と新自由主義の時代状況を受けとめるとともに、言語論的転回後の歴史学をめぐる環境に正面から向き合おうとしたのは安丸良夫であった。一九九〇年代以降の安丸の足跡を追うことで、日本における新自由主義時代の歴史学の問題状況を確認することができる（大門正克「序論　歴史学の現在――二〇〇〇～二〇一五年」）。

おわりに

「はじめに」で述べたように、新自由主義時代は世界史の画期である。「新自由主義時代の歴史学」について考えるためには、世界史において新自由主義時代がどのような画期であるかのかを把握するとともに、新自由主義時代が歴史学に与えた影響を検証し、さらに新自由主義時代以前からの歴史学の変化とのかかわりや（言語論的転回／転回後など）、新自由主義のもとで試みられている歴史学の新たな動向に目をこらす必要がある。

【参考文献】

・大門正克『歴史への問い／現在への問い』校倉書房、二〇〇八年
・大門正克「序論　歴史学の現在――二〇〇〇～二〇一五年」（歴史学研究会編『第四次　現代歴史学の成果と課題』第一巻、績文堂出版、二〇一六年〈本書収録〉
・永原陽子編『「植民地責任」論――脱植民地化の比較史』青木書店、二〇〇九年
・水島司『グローバル・ヒストリー入門』山川出版社、二〇一〇年
・安丸良夫『〈方法〉としての思想史』校倉書房、一九九六年
・歴史学研究会編『第四次　現代歴史学の成果と課題』全三巻、績文堂出版、二〇一六年

【補注】

◎「新自由主義時代の歴史学」東京歴史科学研究会編『歴史を学ぶ人々のために――現在をどう生きるか』岩波書店、二〇一七年、所収。

新自由主義の時代状況に力点をおき、そのもとで歴史学にはどのような課題があるのかを整理した。冷戦構造が崩壊した一九九〇年代以降、グローバル化と新自由主義の時代の様相が明瞭になるなかで、さらにふたつのことがよくみえてきた。ひとつは、一九九〇年代以降の新自由主義時代の起点は一九七〇年代にあったことであり、もうひとつ

は、一九九〇年代以降には、グローバル化と新自由主義のとは異なる、もうひとつの歴史の見直しが進行していることである。ここでは、一九九〇年代以降における新自由主義時代について素描するとともに、植民地主義や奴隷制を見直し、社会的公正を再定義しようとする動きなど、一九九〇年代以降に進行するもうひとつの歴史の見直しについて言及し、そのうえで新自由主義時代における歴史学の課題についてまとめて述べた。

Ⅱ

歴史と現在を往還するなかで——歴史家の現場

3　歴史学のアクチュアリティへの問い

一　アクチュアリティ――思考の始まる場所

歴史学を含めた人文・社会科学は、現実とどのように向き合えばいいのか。古くて新しいこの問題に対して、人文・社会科学の学問は、どの時代であっても回答を要請されている。現在の人文・社会科学がおかれた状況と現実への向き合い方を確認するために、試みに日本学術会議の動向をみてみよう。日本学術会議の「日本の展望委員会（人文・社会科学作業分科会）」は、二〇一〇年に『日本の展望――人文・社会科学からの提言』をまとめている（以下、『提言』）。『提言』では、「人類社会・日本社会の未来を創造するために」「人文・社会科学が立ち向かう課題」として、以下の七点があげられている。信頼と連帯の社会構築、多元性・多様性の尊重、機能する民主主義、グローバル化のなかの平和創造、グローバルな社会政策・経済政策で格差解消、公共的言語の確立、世界史的人間主体育成である。これに加えて『提言』は、「学術研究体制の現状と改革課題」として、若手研究者育成と女性研究者の問題を指摘し、そのうえで、人文・社会科学がめざすべき発展方向として、持続可能性、多様性、ジェンダー、市民的教養、対話とネットワークをふまえた学術の総合性、総合的学術政策の必要性がうたわれている。

『提言』は、二一世紀に入り、「国民国家を自明の前提とする諸科学のあり方」が根本から問い直され、「人類の生存基盤としての地球環境の深刻な危機」に直面していると指摘する。そのことをふまえれば、ここで提起された諸課題の多さに圧倒される思いがするものの、課題の内容は首肯できるものが多く、人文・社会科学からの「展望」がここに記されているように思われる。

ただし、課題の内容は首肯できるものの、各学問分野において課題の解決にどのように立ち向かうのかということになると、状況は決して楽観できず、むしろ二一世紀冒頭の人文・社会科学は、それぞれに困難をかかえているのが現状なのではないだろうか。各学問がかかえる困難のなかで、おそらく共通する点として、若手研究者問題を含めて、二〇世紀の学問を次の世代にどのように発展的に継承するのか、という大きな課題があるように思われる。『提言』でも若手研究者問題が取り上げられているが、それは「学術研究体制」にとどまることではなく、学問の継承にかかわることであり、その点からすれば、各学問の根幹に座る問題だと思われる。

本書〈歴史学研究会編『歴史学のアクチュアリティ』東京大学出版会、二〇一三年〉は、「歴史学のアクチュアリティ」を議論した本であるが、右に述べた人文・社会科学がかかえる大きな課題との関連でいえば、本書は、歴史学の側から、「アクチュアリティ」を手がかりにして、二一世紀冒頭における学問の継承について考えようとした本である、ということができるように思う。

ここでは、本書で歴史学のあり方を考える手がかりにしたアクチュアリティについて、少しふれておきたい。

本書は『歴史学のアクチュアリティ』と名づけている。だが、歴史学でアクチュアリティが問われることは、今まであまりなかったことのように思われる。そのことは歴史学だけでなく、人文・社会科学に共通のことだと思われる。

本書に収録された論文において、岸本美緒氏は、キャロル・グラックの言葉を引用してアクチュアリティをめぐる議論を整理している。グラックは、「私は二〇世紀日本歴史学においてその立場性（positionality）が明確に述べられている点に早くから感銘を受けていた。……彼らの歴史学は、概してコミットメントを伴った批判的学問だった」と述べ、ここから岸本氏は、「アクチュアリティ問題」を「現在的問題へのコミットメントの問題」と言い換えている。

岸本氏の議論をふまえ、ポジショナリティとアクチュアリティの関連を考えておきたい。

歴史学では、今まで、ポジショナリティが問われてきた。ポジショナリティにもアクチュアリティにも、現実へのコミットメントの問題が含まれているが、今まで議論の焦点になることが多かったポジショナリティが歴史認識の立場性を問うものだったのに対して、actを含み、「現実」「実在」とも訳されるアクチュアリティの場合には、同じ現実へのコミットメントの問題を問うにしても、研究者個々人がコミットする際の身振りやふるまい（act）まで視野に入ることになる。まずはそれぞれの研究者がどのように考え、ふるまうのか。それぞれの足もとをどのようにふまえるのか、アクチュアリティはそのことを含めて現実へのコミットメントの問題を問う。ここにポジショナリティとアクチュアリティの相違があるのだと思われる。

本書は、アクチュアリティを手がかりに、歴史研究者個々人がそれぞれの足もとを見直して歴史学とのかかわりを再考することが大切であり、それは若手研究者問題を含めて、二〇世紀の歴史学を次の世代に発展的に継承する大事な作業につながると考えている。このように考えれば、アクチュアリティが問われているのは何も歴史学だけでなく、たとえば哲学や社会学においても、それぞれのアクチュアリティが問われているのであり、それぞれの学問を問い直す際には、個々の研究者がコミットする際の身振りやふるまいをふくめて現実へのコミットメントの問題を議論する必要がある。やや大きく問題を提示すれば、ここに人文・社会科学の役割と研究者個々人の役割を問い直す枢要点がある。

『歴史学のアクチュアリティ』は、歴史学のアクチュアリティを問い直した本であるとともに、アクチュアリティを「思考の始まる場所」（市村弘正『小さなものの諸形態』筑摩書房、一九九四年）とすることで、人文・社会科学全体に向かっても学問を問い直す方途を提示している。ぜひ多くの方が本書を手にしていただきたい。

二　シンポジウムがひらく地平

本書は大きく二つに分かれている。二〇一二年一二月に開かれたシンポジウムをもとにした論文とコメントを収録した第Ⅰ部と、討議で構成される第Ⅱ部である。

歴史学研究会は二〇一二年一二月に創立八〇周年を迎えた。二〇一二年一二月一五日、明治大学において、創立八〇周年記念のシンポジウム「歴史学のアクチュアリティ」を開催し、長谷川貴彦、岸本美緒、安田常雄、村井章介、栗田禎子の諸氏に報告を依頼し、浅田進史、藤野裕子の両氏にコメントをお願いした。本書の第一部には、五名の報告をもとにした論文と二人の当日のコメントに松沢裕作氏のコメントを加えた三つのコメントを収録している。論文とコメントで議論されている論点を整理することで、「歴史学のアクチュアリティ」の問題の所在の一端を示しておきたい。

＊

先にもふれたように、「歴史学のアクチュアリティ」が問われることは、今まであまりなかったので、多くの報告者の方々がアクチュアリティをどのように受けとめるかを語り、そのことをふまえて論文を書かれている。

五人のなかで、「歴史学のアクチュアリティ」をめぐって対照的だったのは、岸本美緒氏と栗田禎子氏の論文である。岸本氏は、アクチュアリティとリアリティの相違を手がかりにしながら、「歴史研究におけるアクチュアリティとは、ともすれば自分の研究の現実的意義や、倫理的な立場の正しさを根拠づけるものとして捉えられてきた」が、「はたしてそうなのだろうか」と問いを投げかける。そのうえで、岸本氏は、「アクチュアリティの問題を、日常生活的な「気づき」「驚き」の延長上にとらえるならば、必ずしも事前の言語化・明確化が必要だとはいえないだろう」として、「日常生活」の「気づき」「驚き」を重視する。「日常生活からのアクチュアリティ」にこそ、「歴史学のアクチュアリティ」があるというとらえ方である。

それに対して栗田氏は、論文「現代史とは何か」のなかで、一九九〇年代以降になると「資本の論理」が強まり、ここから「帝国主義の全面展開の時代」として「現代」をとらえ直し、日本近現代史の基調低音にあるコロニアリズムを内在的につかむ必要があると指摘する。さらにエジプト二〇一一年「民衆革命」をふまえるならば、「たたかいの記憶」を伝えることが大事だとした。栗田氏は、このように帝国主義と「たたかいの記憶」を軸にして「現代史」を組み替える必要があると述べる。論文のなかでアクチュアリティという言葉を使っていないものの、「現代史は何か」という課題設定そのものが栗田氏の「歴史学のアクチュアリティ」に対する問題関心の所在を直截に示している。「現代史のアクチュアリティ」、これが栗田論文における「歴史学のアクチュアリティ」のとらえ方である。

二人の論文は、「歴史学のアクチュアリティ」をめぐって考える必要のある二つの論点を鮮明に示したものであり、「歴史学のアクチュアリティ」と題したシンポジウムにおいて、二人の議論がなされたことの意味はとても大きかった。

ところで先にポジショナリティとアクチュアリティを比較して、アクチュアリティの場合には、現実へのコミットメントの問題を問う際に、研究者個々人がコミットする際の身振りやふるまい（act）まで視野に入ることになると述べた。アクチュアリティは、歴史認識の立場ではなく、研究者個人に即した足場や拠点を問うことになるのだと思われる。

この整理をもとにすれば、栗田氏は、「現代史」へのコミットメントにこそアクチュアリティの拠点があると考えるのに対して、「気づき」や「驚き」に留意する岸本氏は、コミットする際の身振りやふるまいに通じる「日常生活」にこそアクチュアリティの足場があると判断している。「現代史」と「日常生活」にそれぞれ根拠をおく栗田氏と岸本氏は、「歴史学のアクチュアリティ」をめぐって大きく異なる論点をだしているのだが、二人の論文を並べてみると、「歴史学のアクチュアリティ」をめぐって議論すべき論点の輪郭もまた浮かんでくる。それは、「歴史学のアクチュアリティ」には、現実へのコミットメントの問題とコミットする際の身振りやふるまいの二つの論点が含まれているということである。「まえがき」の冒頭でポジショナリティとアクチュアリティについて整理したが、その議論は、岸本氏と栗田氏の論文に触発された面が大きかったのであり、あらためて二人に感謝しておきたい。

「歴史学のアクチュアリティ」をめぐる議論を右のように整理してみれば、二人の報告は、まずは自分の足場や拠点を示したものであり、それぞれにとってもう一つの論点を否定しているわけではない。岸本氏は、まず「日常生活からのアクチュアリティ」に「歴史学のアクチュアリティ」の立場を求め、そのうえで「日常生活」のなかにこそ現実にコミットメントする源泉があるはずだと考えているように思われる。それに対して栗田氏は、「現代史のアクチュアリティ」に「歴史学のアクチュアリティ」の拠点を定めているが、エジプト「民衆革命」によって「歴史に追い抜かれた瞬間」を味わった個所や、「3・11」をめぐる言及には栗田氏自身の経験と自己論及が含まれているのであり、「現代史のアクチュアリティ」を考える際に自分の身振りやふるまいを含めていることがわかる。岸本氏と栗田氏の論文は、それぞれにとっての「思考の始まる場所」を示したものだと整理することができよう。

＊

以上のように整理すると、他の論文と「歴史学のアクチュアリティ」のかかわりはいっそう鮮明になる。たとえば、長谷川貴彦氏は、論文「現代歴史学の挑戦――イギリスの経験から」において、二〇世紀のイギリスの歴史学と歴史家の営為のなかに「歴史学のアクチュアリティ」をめぐる論点を探っている。長谷川氏は、論文の最後で、歴史家エリック・ホブズボームを取り上げていて大変に興味深い。長谷川氏は、ホブズボームの二つの側面に目をとめる。一つは、ユダヤ系移民としてロンドンに亡命した「大いなるディアスポラ」の一人であったことや、晩年には自らの経験を綴った同時代史『わが二〇世紀　面白い時代』を著したことなど、ホブズボーム個人の経験であり、もう一つが卓抜な通史を叙述したことである。この二つをふまえ、ホブズボームは、短期的な悲観主義と長期的な楽観主義の両方を備え、「アクチュアリティをもって歴史学の挑戦の先頭」に立っていたとする。長谷川氏は、先に指摘した二つの論点に結びつくかたちで「歴史学のアクチュアリティ」を考えているように思われる。

安田常雄氏の論文は「方法としての同時代史」と題する。印象的なことは、二〇〇〇年代の歴史学のテーマと視点から、清水透氏のオーラル・ヒストリーや、国立歴史民俗博物館「現代展示」の最終コーナーに置かれた、比嘉豊光氏作成の「島クトゥバ」で語る沖縄戦の語りを紹介するなかで、「風景が見える」ことや「語り手」の「身ぶり、しぐさや表情」に着目していることである。安田氏は、「史実」から「こぼれ落ちたもの」が「「アクチュアリティ」」とよばれる何か」だと述べ、「方法としての同時代史」に通じる作品のなかに、「歴史学のアクチュアリティ」のありかを追究している。安田氏の「方法としての同時代史」もまた、先に述べた「歴史学のアクチュアリティ」の二つの論点にかかわるかたちで議論されているのである。

村井章介氏の論文は、長年にわたる研究成果をもとに、日本の中世史における〈境界〉を論じたものであるが、ここでも、「歴史学のアクチュアリティ」への応答を聞き取ることができて興味深かった。村井氏は、「領土紛争」という現代的問題を前にして、「現代社会に生きるわれわれは」、近代国家の境界や近代国際法の原則を「当然のものと思いこみがち」だが、前近代の境界の輪郭はばくぜんとしていたとして、境界の検証に向かう。その際に興味深いのは、「日本商人」「倭人」などの史料読解において、今までは、「民族としても日本人であると解してあやしまなかった」ことに警告を発していることである。村井氏は、明記していないものの、ここでは、「現代社会に生きるわれわれ」の日常感覚を問題にしているのであり、日常感覚による史料読解に注意を促しているのである。現代的問題と日常感覚と史料読解の結び目のなかで境界が論じられているのであり、「歴史学のアクチュアリティ」の二つの論点に通じる作業がおこなわれているといっていいだろう。

＊

第Ⅰ部の論文では、いずれのものにも「歴史学のアクチュアリティ」への言及や関心が示されており、「歴史学のアクチュアリティ」について考える示唆がたくさん含まれている。

ここで、「歴史学のアクチュアリティ」をめぐる議論をもう少し整理するために、あらためて岸本氏と栗田氏の論点にもどれば、これらの論点の意味は、浅田進史氏と藤野裕子氏、松沢裕作氏のコメントでさらに追究されている。浅田氏は「若手研究者問題」を取り上げてコメントをした。浅田氏はここで「若手研究者問題」をめぐる状況を単に述べたのではない。「若手研究者問題」は、すぐれて「歴史学のアクチュアリティ」にかかわる問題として提示されている。岸本氏と栗田氏の二人のとらえ方を援用すれば、「若手研究者問題」はまさに若手研究者の「日常生活」にかかわる問題であり、それとともに浅田氏が「歴史学を支える制度的な枠組み」を視野におさめていることをふまえれば、「若手研究者問題」はすぐれて現実へのコミットメントの問題だということになる。このように、浅田氏が提起した「若手研究者問題」から見えてくるのは、岸本・栗田の論点をつなぐことが「歴史学のアクチュアリティ」にとって欠かせない問題だということである。

同様に、両者の論点をつなぐことの重要性は、藤野裕子氏のコメントからもうかがえる。「ジェンダー史」を例にした藤野氏は、「日常生活」にジェンダー規範がおよぶ点を含めて「研究者の内的メカニズム」を問題とし、新自由主義批判や中東革命の問題構成におけるジェンダー視点の欠落を指摘することで、現実へのコミットメントにおけるジェンダー視点の重要さを指摘している。ここでも、藤野氏のジェンダー視点の提起は、両者をつなぐことの重要性を浮き彫りにしているのである。

ただし、ここでいう「つなぐ」は、単に岸本氏と栗田氏を接続するということではない。両氏のコメントともに、岸本氏と栗田氏の論点をそれぞれ深めるかたちで議論が提起されているのである。たとえば浅田氏は、「若手研究者問題」が「日常生活」におよぼす影響を問題にし、さらにそうした諸問題に気づかずに成り立っている歴史学や歴史研究者の認識枠組みを問題にする。大きな現実が「日常生活」におよぶことだけでなく、「日常生活」の受けとめ方自体を論点としているのである。これに対して「ジェンダー史」を焦点にした藤野氏は、研究者自身がジェンダー規範に気づかないことが研究対象にもおよぶことを問題にし、ジェンダーに気づかない「内的メカニズム」とそれが歴史学に及ぼす影響を「承認―隔離―忘却」

として摘出した。

浅田氏、藤野氏は、ともに「歴史学のアクチュアリティ」をめぐる二つの論点をつなぐ必要を提起するだけでなく、二つの論点を相互に深める方向性を示している。現在の自分自身や歴史研究者の「日常生活」を検証する方法・視点を提示し、現在の歴史学がかかえる重要な論点を提示することで、現実にコミットする歴史学のあり様が問題にされているのである。二つの論点を相互に深める方向でのコメントである。

岸本・栗田両氏の報告と浅田・藤野両氏のコメントに応答した松沢裕作氏のコメントも、「歴史学のアクチュアリティ」に含まれる二つの論点に焦点を合わせている。松沢氏は、二つの論点を自ら「やりたいこと」と「やらねばならないこと」と言い換え、シンポジウム当日になされた両者をめぐる議論は「堂々巡りの所産」に思えたと述べる。そのうえで松沢氏は、「しかし、おそらくそれは堂々巡りでいいのだ」と指摘し、両者をめぐる議論の循環は、「一つの開かれたコミュニケーション」であるとして、「歴史学のアクチュアリティ」にとって「根源的」なことは、多くの人びとが「共有できる問題を指し示すような態度」をとることだと述べる。先にアクチュアリティは身振りやふるまいにかかわると指摘したことと、松沢氏の言う「態度」は重なるところがあり、「歴史学のアクチュアリティ」を考え、議論することにとって、「身振り」や「態度」が重要な意味をもつと整理することができるだろう。

＊

さて、ここまで整理してくれれば、本書に収録したシンポジウムの論文とコメントのあいだには、きわめて緊密な議論と応答が含まれていることがわかるだろう。「歴史学のアクチュアリティ」という新たな論点を議論するとともに、論点を深めるための応答がなされているのである。シンポジウムを記録した出版物において、緊密な議論と応答がなされたものに出会うことはそうないことだが、本書に収録した論文とコメントでは間違いなく緊密な議論と応答がなされている。論文とコメントを寄せてくださった方々にあらためて感謝するとともに、このようなシンポジウムを開催し、本をつくれたことで、歴史学をめぐる議論を喚起することができるのではないかと思っている。

それとともに、シンポジウムをめぐってなされた緊密な議論と応答は、何も歴史学だけに固有のことではなく、人文・社会科学のあらゆる学問に共通の論点だといっていいだろう。「まえがき」の冒頭に書いたように、歴史学へ関心のある方々以外にも本書を読んでいただきたいのは、緊密な議論がなされているからであり、人文・社会科学全体にも開かれた本になっているからである。

三　討議がひらく地平

本書の第Ⅱ部には、三つの討議を収録してある。「社会史研究と現代歴史学」「社会主義圏の崩壊・ポスト冷戦と現代歴史学」「新自由主義時代と歴史学の将来」をテーマにした座談会であり、一九七〇年代から二〇〇〇年代までの現代歴史学にとって重要な三つのテーマを選定し、討議している。

「社会史研究と現代歴史学」には、保立道久、荒木敏夫、服藤早苗、深谷克己、山田賢、北村暁夫の諸氏が参加し、歴史学研究会委員会から池享と大門正克が出席、小野将が司会をつとめた。討議では保立氏が基調報告をおこなった。保立氏は、一九七〇〜八〇年代に社会史研究が隆盛したのは、史料の蓄積をふまえた日本中世史にみられたように、「アカデミーの中枢が動いた」ことと、二宮宏之氏にみられたようなヨーロッパ史の導入があったからだとした。社会的意識を明らかにするのが社会史であり、それゆえ社会史は分野史ではなく、史料論とかかわった歴史学の方法の問題だとして、現在でも重要な課題だと述べる。社会史がめざすべきものは日本社会における日常性批判であり、史料の蓄積からしても、今こそ社会史がめざしたものを実現できるし、実現しなければならない。「今」というのは、たとえば「新自由主義」「現代資本主義」のことである。保立氏は、同時代、日常性、史料読解、歴史学の方法の接点に社会史を位置づけている。

討議のなかでは、各時代・各分野における社会史研究の趨勢が振り返られるとともに、社会史が全体史を志向する方向性とともに、身体史にみられるような日常性のとらえ直しの方向性という両軸を追究する方法をもっていたことを確認し、その方法が一九九〇年代以降の現在にどのように適応できるのかが議論されている。討議への参加者は、自分の経験や身体感覚を振り返るように適応の可能性と必要性に言及している。社会史研究の展開から三〇～四〇年間たったとき、あらためて社会史に注目が集まる討議になっている。

討議2の「社会主義圏の崩壊・ポスト冷戦と現代歴史学」には、小沢弘明、伊藤定良、久保亨、栗田禎子の諸氏が参加し、歴史学研究会委員会から大門正克が出席、小野将が司会をつとめた。討議で基調報告をしたのは小沢氏である。小沢氏は、一九八九年のヨーロッパ体制の転換と九一年のソ連邦の解体の画期を近現代史の遠近のなかに位置づけるとともに、これらの問題を歴史学がどのようにとらえたのかについて討議のテーマに掲げられた「現代歴史学」に即して検討し、「現代歴史学」の諸相とそこで「現代」がどのように問われているのか（問われていないのか）に言及した。

小沢氏の報告の主題は時代認識・時代区分と歴史学の方法認識の二つであり、討議ではこの二点をめぐって議論が重ねられている。現実的な課題をふまえた時代認識・時代区分と歴史学の方法は往復関係にあり、討議では、現実的な課題認識が時代認識・時代区分に結びつき、そこから歴史学の方法におよぶプロセスについて、一九五〇年代から現在に至る歴史学に即してたどり直すとともに、討議の参加者がそれぞれの現実認識をふまえてプロセスをたどり直し、歴史学の全体性を回復する道筋を探っている。史学史を狭い学問史としてではなく、時代状況とのかかわりとともに、研究者個々の現実認識に即して議論する必要性が提起されている。

討議3の「新自由主義時代と歴史学の将来」では、源川真希、安村直己、加藤千香子、中野聡、戸邉秀明の諸氏が参加し、歴史学研究会委員会から池享と大門正克が出席、小野将が司会をした。基調報告は源川氏がおこなった。源川氏は、近年の新自由主義と歴史学をめぐる企画にふれたうえで、新自由主義が歴史学のみならず人文科学、大学におよぼす影響に言及し、新自由主義時代における歴史学の現状と課題を指摘した。

源川氏の報告をうけた討議では、新自由主義が歴史学に与えた影響の諸相が話し合われるとともに、新自由主義をめぐる問題を時代状況とかかわらせて議論するだけでなく、討議の参加者それぞれにとって切実な踏みとどまる場所はどこなのかをめぐって議論されている。大学の歴史教育と学生の歴史意識、経済学部における歴史教育の現状、経済学と歴史学の関係をめぐってくりかえし議論になっているのは、いずれも研究者個々が踏みとどまる場所にかかわってのことだった。それに加えて、新自由主義時代における歴史学の役割を議論する際に、歴史学の根本としての史料読解に立ち戻る必要性が強調されている。個々の研究者が踏みとどまる場所として日々の歴史教育と史料読解の根本に立ち戻り、新自由主義時代における歴史学の将来が探られているのである。

三つの討議に共通することとして、歴史学のテーマやテキストを歴史学の方法とかかわらせて議論する際に、背後にある時代認識とかかわらせて考察するだけでなく、討議に参加した人たちが、これらのテーマや時代を論じる際に自己論及的に議論していることをあげることができる。討議とシンポジウムともに、「歴史学のアクチュアリティ」をめぐって議論を重ねているのであり、本書は文字通り、「歴史学のアクチュアリティ」について議論した本といえる。

本書については、歴史学に関心のある多くの方々に読んでいただき、歴史学をめぐる議論を喚起する機会になることを念願している。さらにまた、人文社会科学の学問に関心を寄せる方々にもぜひ本書を手にしていただきたく思う。

【補注】

◎「まえがき」（池享氏と共著）歴史学研究会編『歴史学のアクチュアリティ』東京大学出版会、二〇一三年、所収。

歴史学研究会は、二〇一二年一二月に創立八〇周年を記念してシンポジウム「歴史学のアクチュアリティ」を開き、それをもとに、二〇一三年五月、歴史学研究会編『歴史学のアクチュアリティ』（東京大学出版会）を刊行した。この本には、シンポジウムにおける五名の報告に三名のコメントを付し、一九七〇年代から二〇〇〇年代までの歴史学を対象にした三つの討議を加えてある。『歴史学のアクチュアリティ』刊行に際して、今まで議論する機会が乏しかった「歴史学のアクチュアリティ」の含意を説明する必要が生じ、当時、歴史学研究会の委員長であった池享氏と編集長であった私が連名で「まえがき」を執筆することになった。今回、池氏の了解を得て、この「まえがき」を本書に収録させていただくことになった。

ここに収録した文章をあらためて読むと、歴史学のアクチュアリティをめぐる議論が、「序」で述べた「日常世界」と密接に関連することがよくわかる。actを含み、「現実」「実在」とも訳されるアクチュアリティの議論では、歴史家の身振りやふるまいまで視野に入ることになり、この観点から、報告やコメントなどに言及している。二一世紀冒頭の歴史学は、新自由主義と認識論の影響をともに受けており、そのもとで、「日常世界」とかかわったアクチュアリティをめぐる議論は、くりかえしおこなう必要のあるものだといえよう。

そのうえで、今回再読するなかで、この文章は、歴史家の身体性をめぐる議論でもあったことに気づいた。執筆当時には自覚できなかったこの論点に気づいたのは、この文章のあとで、私は『語る歴史、聞く歴史──オーラル・ヒストリーの現場から』（岩波新書、二〇一八年）を執筆したからであった。新書のなかで私は、オーラル・ヒストリーの特徴に身体性・対面性があることを指摘し、歴史と身体性をめぐる議論をくりかえしおこなった。身体性をめぐる論点は、たしかにオーラル・ヒストリーの重要な特徴だが、身振りやふるまいを含む歴史学のアクチュアリティをめぐる議論からすれば、それはオーラル・ヒストリーにとどまるものではなく、文字史料やモノを含めて、歴史全般にかかわる論点のはずである。身体性をめぐる論点は、かつては社会史の領域で提起されたものであったが、歴史学が新自由主義と認識論の影響をともに受けている二一世紀冒頭の現在にこそ議論が必要だと思われる。

4　「史料読解」とは何か

はじめに

二〇一四年七月五日、岡山地方史研究会において、歴史学研究会が編集する『歴史学研究』に掲載された特集「史料の力、歴史家をかこむ磁場――史料読解の認識構造」の合評会が開かれ、参加した（会場は岡山大学文学部）。学会誌の特集が別の研究会の合評会でとりあげられることは珍しく、本特集を企画した歴史学研究会の編集長として、岡山地方史研究会にあらためてお礼を申し上げたい。本特集の執筆者は、安村直己、大橋幸泰、沢山美果子、小野寺拓也、宝月理恵、人見佐知子、松原宏之、藤野裕子、若尾政希の九氏である。このうち七名が合評会に参加し、本特集の企画にかかわった歴研委員も私を含めて三名参加したので、コメントに対して執筆者が直接に応答したり、企画者の側が話したりと、緊密な合評会になった(一)。

ここでは、合評会当日に求められて話した企画者としての感想をふくめ、「史料読解」をめぐるいくつかの感想を記しておきたい。最初に今回の特集の意図をまとめ、ついで、合評会にあたり、特集の論文を再読した印象をふまえてあらためて特集に言及する。そのうえで、合評会に参加するなかで考えたことを二つ記す。二つとは、「史料読解」の理解・位置づけと読者の位置づけについてである。(二)

一　従来の史料論と今回の特集

「史料を読み解く」ことは歴史学の基本作業である。歴史学でくりかえし議論されてきたテーマであり、歴史学の根幹、存在理由にかかわる作業だといってもいい。

たとえば、遅塚忠躬『史学概論』（東京大学出版会、二〇一〇年）を開いてみれば、「事実」―「史料」―「歴史家」の関係について、歴史上の「事実」には、「揺らがない事実」（構造上の事実）と「揺らぐ事実」（事件史上の事実、文化史上の事実）があり、「史料」にもとづいてこれらの「事実」を確定することが「歴史家」の役割だとある。あるいはまた、フランスのアナール学派や日本の中世史研究における図像研究のように、歴史研究ではすでに、文字史料以外の史料の読解でも多くの成果を得ている。

ただし、遅塚氏の議論でも、史料を読み解く主体である「歴史家」についてはほとんど論じられていない。歴史学の根幹である史料については、なお議論すべきことが残されているのではないか。従来の議論が、史料論―歴史学論の関連を問うていたのに対して、今回の特集は、史料論―歴史家論―歴史学論として、歴史家が史料を読み解くことに焦点を合わせ、史料論に新たな光をあてようとした。

とくに本特集では、サブタイトル「史料読解の認識構造」に示したように、「史料論」と呼ばずに「史料読解」として、史料を読み解くことの認識構造に焦点を合わせた。歴史家はどのような認識のもとに史料を読み解いているのか、史料読解の認識構造については思いのほか議論されていないからである。史料の読解には、一つひとつの史料の読み解きだけでなく、性格の異なる史料を照合し、当事者が作成したのではない史料から当事者にかかわる事柄を読み解くなど、多様な局面がある。遅塚氏が想定した「事実」―「史料」―「歴史家」の関係は、実際にはきわめて複雑である。歴史家は史料と虚心に向き合い、史料の相互関係を読み解き、当事者以外の人による当事者像のなかに当事者を読み解く努力、史料を読み解く自分自身への自覚など、あらゆる試みを通じて史料を読み解き、叙述に向かって作品を完成させる。歴史家が作品完成に至る過程での史料読解の認識構造を語ることは、一般にはごくまれである。だが、この史料読解の認識構造こそは、史料を軸にして研究をすすめる歴史学の根幹であり、そのことがもっと議論されるべきではないか。本特集は、以上のような問題関心によって企画された。

特集タイトルの「史料の力」には、史料は読み解かれることによってこそ、そこに生気が宿るということが含意されている。また、現在を生きながら過去を問う歴史家が過去の史料を読み解くことには、困難や緊張関係とともに新しい発見の可能性もある。あるいはまた言語論的転回後の状況のなかで、歴史家はあらためて史料をどのように読み解くのか。本特集では、これらを「歴史家をかこむ磁場」と呼び、史料読解における歴史家の役割に光をあてようとした。

二　特集論文を再読して

本特集の各論文は、いずれも本特集の趣旨をふまえて書かれたものである。執筆者は、史料読解およびその叙述にどのように取り組んだのか、そのことを考えるために、各論文で使われている印象に残る言葉に注目してみたい。印象に残る言葉を拾ってみると、「眼差し」（安村）、「歴史に向き合う姿勢」（大橋）、「せめぎあい」（沢山）、「過程的な問い」（小野寺）、「語られた内容と歴史家との新しい誠実な関係性」（宝月）、「語り手と聞き手に加えて、書き手であるわたしの立場性」（人見）、史料は固い事実のようで動的な行為、複数の時間（松原）、複数の表象世界のなかで客体と主体を転換する（藤野）、「主体形成」（若尾）となる。

これらの言葉を集約してみれば、「時間」と「関係」のなかで「歴史家」が史料を読もうとしているとまとめることができる。「過程的」、複数の時間、「主体形成」は、いずれも「時間」のなかで史料読解を試みるものであり、「せめぎあい」「語られた内容と歴史家との新しい誠実な関係性」「語り手と聞き手に加えて、書き手であるわたしの立場性」、客体と主体の転換は、何よりも「関係」のなかで史料を読み解く行為であり、「眼差し」も「姿勢」も「関係」にかかわる言葉である。

以上のことを右の松原の言葉にそって言い換えてみれば、史料は固い事実のようにみえるがそうではない、史料を読み解く過程には複数の時間が存在し、複数の関係があるのであり、史料を「時間」と「関係」のなかで読み解くことは動的な行為だといっていい、ということになるだろう。

史料読解の「関係」の視点には、宝月論文や人見論文にみられるように、歴史家としての私の視点が含まれている。歴史家としての私は史料をどう読んだのか、史料の意味連関をどう読み解こうとしたのか、本特集の論文からは、歴史家としての私、書き手である私について自覚的であろうとする姿勢を確認できる。「歴史家をかこむ磁場」への自覚と言い換えてもいいだろう。歴史家としての私が「時間」と「関係」のなかで史料の意味連関を読み解くこと、その過程を明らかにすること、今回の特集の各論文からそのことを確認することができる。史料は歴史家が自覚的に読み解いてはじめて生気が宿る。本特集でいう「史料の力」を発揮するために、論文の執筆者はいずれも自覚的に史料を読み解こうとしている。

三　合評会に参加するなかで考えたこと

合評会に参加するなかで、あらためて史料読解の理解や位置づけをめぐって考えた。史料―事実の確定とした従来の議論に対して、史料―読解＝解釈として、史料は「固い事実」ではなく、歴史家の「解釈」にゆだねられるという考えがある。合評会の場でそのような考えを表明した人もいた。事実か解釈かをめぐる議論は、実態か言説（表象）かをめぐる議論とともに、言語論的転回をめぐる議論のなかで一九八〇～九〇年代におこなわれたことだが、合評会での議論を聞きながら、今回の特集はさらにその先を行こうとしたのではないかと思った。その先というのは、次のようなことである。

今までの説明でわかるように、史料を読み解くことは、歴史家が自覚をもちながら、「時間」と「関係」のなかで意味連関を筋道立てて説明することである。この特集の各論文がそれぞれ明らかにしようとしたことは、史料読解のこのような特徴である。この史料読解は、歴史家である私が解き明かすことではあっても、筋道立てるところに大きなポイントがあるのであり、その行為を解釈という言葉で表現するのはふさわしくない。歴史学では、今まで事実によって証明することを「実証」と呼ぶことが多かったので、その「実証」とは区別し、史料の意味連関を筋道立てて説明することを、ここでは「論証」と呼び、史料をめぐる行為を「論証」として位置づけたい。「さらにその先を行こうとした」という意味のひとつは、このように、今までは解釈と言われることがあった史料読解の行為について、解釈ではなく論証といいうるのだということを積極的に示そうとしたことにある。

「さらにその先を行こうとした」ことについて、もうひとつ説明しておく。藤野論文と松原論文は、表象世界を含めた史料読解を自覚的におこなっている。藤野論文では、ルポルタージュの読解の挫折と転換が述べられている。ルポルタージュの記述者の差別的なまなざしに気を取られていた読解から、記述者が観察した経験を重視し、描かれた世界に身を置いて下層民衆を想像するというように、歴史家自身が想像力と感覚を発揮する読解への転換である。その結果、藤野論文では、当事者以外の人が記述した当事者像のなかに当事者を読み解く道がひらけたとして、史料読解を通じて表象世界の意味連関を解き明かす可能性を論じている。

表象世界を含めた史料読解を実践している点では松原論文も同様である。松原論文は、「いま、なぜ、どのようにして史料読解なのか」を明示する。「カルチュラル・ターン後」にある「いま」、カルチュラル・ターンの提起を積極的に受けとめて、「史料から透かしみえるのは、世界の動態としての歴史」だとする。史料を「均質で単一の動かぬ固まりとしての事実」とみないのだとすれば、「事実・行為・出来事」の長短深浅の文脈に働きかけ、複数の時間の動因と変化そのものを読み取る必要がある。それは、「事実・行為・出来事」の観察者としてではなく（歴史家をかこむ磁場を乗り越える）、批判に対して開かれたまま、世界の可変性に参与することであり、となれば史料読解は要するに変革の構想を語ることにほかならない。

藤野論文と松原論文では、いずれも歴史家の位置・役割への自覚が重視されている。表象世界の史料読解では、歴史家が想像力と感覚を発揮して世界の可変性に参与することが重要だということになる。

表象世界の検討という点では、青鞜の時代の岩野清と泡鳴の関係を考察した坂井博美『「愛の争闘」のジェンダー力学──岩野清と泡鳴の同棲・訴訟・思想』（ぺりかん社、二〇一二年）が参考になる。この本では、岩野清のテクストである『愛の争闘』とともに、清と泡鳴の生活が取り上げられ、テクストと生活の両面から二人の関係が検証されている。そこでは、テクストとともに、テクストとは相対的に固有の生活の「経験」の「蓄積」が重視されており、テクストと生活の両面をみることで、二人の関係には泡鳴から清に対する一方的なジェンダー力学だけではなく、「双方向」の影響があったとする。清と泡鳴の男女双方が書いた史料をジェンダーの視点で丹念に読み解き、さらにテクストと生活の双方を視野におさめることで、二人の関係の「双方向」性を明らかにしたのがこの本である。(三) 坂井の著書は、事実か解釈か、実態か言説（表象）かの二者択一の論点を考えるうえで示唆的である。私たちの世界は、そもそも、実態（生活）か言説（表象）かのどちらかだけで成り立っているわけではない。私たちの世界に対して表象は大きな影響を与えるが、それとは相対的に固有な生活の「経験」の「蓄積」がある。そもそも、生活とテクストは単純に二分できるものではなく、双方が影響を与え合っていること、と同時に生活とテクストには固有の領域もある。これらのことをふまえれば、本特集の藤野・松原論文のように、生活世界だけでなく表象世界も含め、生活世界と表象世界がどのような意味連関にあるのかを史料をもとにして読み解くことはできるのである。ここにもうひとつの「その先」があると思っている。

なお、「論証」をめぐって、以上とは別の観点から言及しておきたい。小谷汪之は、かつての歴史学には、「「科学的」であるということを、自然科学的な意味での法則定立的な認識方法とみなす無意識的な発想」があったとしたうえで、現在では、このような説明が妥当でないことは周知のことになったが、「主体的な認識としての歴史認識の客観性はどのようにして担保されるのか」、「歴史学に固有の「科学性」」を説明する課題は残されていると指摘する。(四)

小谷の指摘もふまえて、人文科学、社会科学、自然科学という三つの科学による学問区分について考えてみたい。小谷が言うように、歴史学は自然科学のような法則定立的なものではない。それでは、歴史学を人文科学や社会科学と関連づける説明も意味がないかといえば、そうではなく、依然として意味のある区分だと思う。三つの科学による学問区分には共通性があり、それが「論証」なのではないか。三つの科学には、それぞれの論証方法があり、その点で異なるが、歴史学にも歴史学固有の「論証」がある。歴史学は、歴史学固有の「論証」は何なのかということを説明しなくてはならない。私は、小谷の言う「歴史学に固有の「科学性」」とは、歴史家が史料読解の意味連関を筋道立てて説明する「論証」にあると思っている。

さて、このようにして、史料論に歴史家論を介在させて「論証」ということまでたどりついてみると、今まで論じてきたことは、そのまま歴史学の特質を論じてきたのであり、歴史家論を介在させた史料読解論＝「論証」は、歴史学論に通じるといっていいだろう。

こうしてこの特集は、歴史学の基礎である史料を根幹におきながら、歴史家論、歴史学論を検討しようとしたものであり、その点でいえば、「歴史学再考」をめざしたものだということができよう。「歴史学再考」とは、かつての二宮宏之の本のタイトルだが（『歴史学再考』日本エディタースクール出版部、一九九四年）、二宮が歴史学の方法から再考に迫ったのに対して、ここでは歴史学の基礎である史料から再考に迫っている。その分、ここでめざしたことは、「歴史学原論再考」「史学概論再考」だといってもいいだろう。

合評会ではもう一つのことも考えた。それは読者のことである。合評会では、若手の歴史研究者の方々や、岡山地方史研究会に属して長く歴史研究をしてきた方が特集論文にコメントをしてくれた。討論の時間では、岡山地方史研究会の方々から率直な意見をいただくことができた。そのなかには長く高校で歴史を教えてきた方からの感想もあった。

これらのコメントや感想を聞きながら、今さらながらではあるが、歴史研究を完成させた作品は読者にどのように読まれたのかが重要な意味を持つことに気づかされた。たとえば元高校教員だった方は、史料読解の過程が書かれた今回の特集のような論文を歓迎し、高校教育で史料を使った授業を開拓したく思っていたと言われた。教育の現場で使えるような史料読解とはどのようなものなのか、史料読解論の新たな可能性を感じることができた。また、若手の研究者からは、史料読解の認識構造が書かれている今回の特集論文には、若手研究者としての研究の悩みや不安に共通する面を感じたとして、共感する声が聞かれた。歴史研究の作品一般がそうであるように、史料読解の作品もまた多様な読みが可能である。読者との応答を視野に入れることで、史料読解論には新たな可能性がひらけるのではないかと思った。今後の検討課題である。

おわりに

本特集は、『歴史学研究』の二〇一三年一一月号から二〇一四年一月号に掲載された。この文章の最後に発刊時期の意味について考えて、終えることにしたい。

日本の歴史学では、一九八〇～九〇年代に言語論的転回をめぐる議論があり、一九九〇年代には国民国家論をめぐる論争があった。これに対して、二一世紀に入ってからの歴史学では論争が影をひそめている。この状況をどのようにとらえたらいいのか。

長谷川貴彦は、二〇一四年度歴史学研究会大会全体会への批評のなかで、リン・ハントの近著『グローバル時代の歴史叙述』(Lynn Hunt, Writing History in the Global Era, Norton & Co.: New York, 二〇一四)を紹介している。(五)ハントはそこで、現代歴史学では、既存の四つのパラダイム(マルクス主義、近代化論、アナール学派、アイデンティティの政治)を批判してきた文化史(文化論的転回)に活力がなくなり、有効なパラダイムを提案できないままに、近代化論の新版ともいえるグローバル・ヒストリーが「大きな物語」の座を独占してしまっていると指摘する。それに対してハントは、「下からの」グローバル・ヒストリーを提唱し、「個人(主体)の復権」とも軌を一にする「自己」概念の再検討が必要だと主張している。長谷川は、この間、一人称で書かれた日記や書簡、自叙伝、回想録など、個人の「エゴ・ドキュメント」に注目が集まっていることをたびたび紹介してきた。長谷川は、ここでもハントの指摘に呼応するものとして「エゴ・ドキュメント」を位置づけ、そこに現代歴史学の可能性を見出そうとしている。

歴研の今回の特集は、長谷川の時代認識とも重なるところがある。二一世紀に入り、グローバル化と新自由主義が影響力を強め、日本でもグローバル・ヒストリーがしだいに影響力をもつなかで、歴史学をめぐる議論は必ずしも活発ではない。このようなときであればこそ、あらためて歴史学の原点である史料にもどり、史料読解の意味を検討する特集を組むべきではないか、史料読解の認識構造を明らかにすることは、史料に生気を与え、さらには歴史学の存在理由と魅力を示すことにつながるのではないか、このような意図のもとに本特集は編まれた。今回の合評会では、このような企画に何らかの意味があったのではないかと実感できた。歴史学の原点である史料にかえり、そこから二一世紀のグローバル化した時代における歴史学の役割と意義を再考すること、本特集や今回の合評会が契機となり、歴史学をめぐる議論が活発におこなわれることを願っている。

【注】

（一）本特集は、『歴史学研究』二〇一三年一一月号から二〇一四年一月号まで三回掲載された（第九一二号～第九一四号）。掲載論文は以下のようである。安村直己「植民地支配・共同性・ジェンダー――一八世紀メキシコの訴訟文書をめぐって」、大橋幸泰「異端と属性――キリシタンと「切支丹」の認識論」、沢山美果子「女たちの声を聴く――近世日本の妊娠、出産をめぐる史料読解の試み」、小野寺拓也「過程的な問い、引き出されるアクチュアリティ――『野戦郵便から読み解く「ふつうのドイツ兵」』の舞台裏」、宝月理恵「戦前・戦時期日本の「衛生経験」を読み解く――オーラル・ヒストリーによる近代衛生史の可能性」、人見佐知子「聞き取り・わたし・認識構造」（以上、第九一二号）、松原宏之「歴史の変動、歴史家の変革――レイモンド・フォスディックと第一次世界大戦期アメリカ改良運動の交錯する波」、藤野裕子「表象をつなぐ想像力――ルポルタージュ読解試論」（以上、第九一三号）、若尾政希「思想史という方法――歴史と主体形成」（第九一四号）。合評会への参加者は、安村、沢山、小野寺、人見、松原、藤野、若尾の七氏である。

（二）以下の文章は、本特集の趣旨説明（第九一二号、特集の前書き）と一部重なるところがある。

（三）坂井著書の特徴については、大門正克「書評『「愛の争闘」のジェンダー力学――岩野清と泡鳴の同棲・訴訟・思想』」『歴史評論』第七八〇号、二〇一五年四月、を参照されたい。

（四）小谷汪之「歴史学における「科学性」とは何か」『歴史学研究』第九〇二号、二〇一三年二月、四八～四九頁。

（五）長谷川貴彦「全体会報告批判」『歴史学研究』第九二五号、二〇一四年一二月。

【補注】

◎「「史料読解」をめぐる断章――岡山地方史研究会での合評会に参加して」『岡山地方史研究』第一三四号、二〇一四年一二月、所収。

歴史学研究会編集長のときに、『歴史学研究』で、特集「史料の力、歴史家をかこむ磁場――史料読解の認識構造」（第九一二号〜九一四号、二〇一三年一一月〜二〇一四年一月）を企画・掲載した。本書でも何回かとりあげたこの企画について、岡山地方史研究会が合評会を開いてくれた。ここに収録した文章は、合評会で話し、合評会後に考えたことをまとめたものである。

特集は、史料を読解するプロセスの開示を含めて研究を進めることに歴史学の可能性があるのではないかと考え、追究したものである。加えて、合評会後の私は、史料を読み解くことは、史料の意味連関を筋道立てて説明することであると指摘し、それを「論証」と呼んだ。「論証」は、史料にもとづいて事実を証明することを「実証」と呼んできた従来の議論との相違を示したものであり、また、「論証」を目的にしていた特集は、今までの、事実か解釈か、実態か言説（表象）かといった史料をめぐる議論の先を行こうとしていたのではないか、と述べている。

なお、イヴァン・ジャブロンカ（真野倫平訳）『歴史は現代文学である――社会科学のためのマニフェスト』（名古屋大学出版会、二〇一八年）を読み、特集との共通性を強く感じた。アナール派の新世代に属するジャブロンカは、事実かフィクションかといった二項対立を超えるために、研究の行程そのものを読者に開示する方法を提示する。研究行程の開示は、研究を物語ることであり、自己言及的（反省的）な方法にほかならない。歴史家は、科学でもあり文学でもあるような歴史の方法によって歴史叙述を刷新し、歴史の社会科学としての可能性をひらくことができるといわれている。

歴史家が研究行程を開示ずることは、史料読解の認識構造を明らかにすることであり、史料の意味連関を筋道立てて説明する「論証」にほかならない。「論証」は、史料と歴史をめぐる今後の重要な論点だと思われる。

5　歴史家の日々――編集室から

一　二〇一二年八月～二〇一三年七月

二〇一二年八月号（No.897）
「受け継ぐ」。歴史学研究会の大事な仕事に「受け継ぐ」ということがあると思っている。二〇一二年という現在がどのような時代かを考えつつ、本年度大会より、栗田禎子さんの後任として編集長の仕事を受け継いでいきたい。

二〇一二年は、二一世紀冒頭のグローバル化・新自由主義の時代のなかにあり、アラブ革命、3・11以後など、激変のなかにある。一九三二年に創立された歴研にとっては八〇周年の年でもある。

歴研は、一九四六年採択の綱領で、「歴史学と人民」との「正しい結びつき」のうちに「歴史学の自由」があると主張する。綱領の初心は、歴史学や歴史と「人民（人びと）」の結びつきを歴史研究者一人ひとりに問うたところにある。『歴史学研究』は、綱領の初心を受け継ぎ、歴史学（歴史）と人びとの結びつきを過去と現在に向かって生き生きと議論し、自分たちの足もとを確認できる場にぜひしたい。

足もとでおきていることを考えるうえで、3・11の地震、津波、核災害を欠かすことはできない現在を見すえつつ、過去を受け継ぐために、3・11後に生きることとかかわって、たえず歴史学のあり方を提起し、歴研八〇周年に取り組みたい。それが二〇一二年に編集長を受け継ぐことなのだと自覚している。

二〇一二年九月号（No. 898）

「更新する」。前号で書きとめた「受け継ぐ」ということは、もちろんそのままのかたちで受け渡すことではない。各分野の研究成果はもちろんのこと、史学史や歴史認識、歴史教育、科学運動など、今までの成果を受けとめ、二〇一二年の歴研委員会らしいかたちで再考して更新し、次代の人たちにバトンタッチすることが必要だろう。

『歴史学研究月報』（六三〇号、二〇一二年六月）に、二〇一二年一月に開かれたシンポジウム「遠山史学と歴史学の現在」の参加記が掲載されている（戸邉秀明氏と廣木尚氏）。二人ともに期せずして語っているのは、遠山茂樹のような人を若手が受け継ぐことの困難と、時代と対峙した遠山のような人を「学びなおす」必要性（機運）である。「受け継ぐ」ために提起されているのは、同時代史的検証による批判的な「学びなおし」であり、遠山などと若手をつなぐ「適切な媒介者」の存在である。

歴研八〇周年に関する取り組みや本誌の企画が、このような「学びなおし」の機会となり、「適切な媒介者」の役割をはたせるようにぜひ努力したい。八〇周年については記念集会や企画出版を予定している。議論を受け継いで更新するために、若手を含め、ぜひともたくさんの人に参加していただきたい。

二〇一二年一〇月号（No. 899）

「記録する」。二〇一二年一月開催の遠山茂樹シンポジウムの報告を準備していたときのことである。遠山の思考の足跡を同時代史的に検証するために、一九六〇〜七〇年代の『歴研』の本誌と月報を読み直したところ、遠山の論稿にかかわるさまざまな取り組みや企画の記録が比較的豊富で助かった。そこから歴研の重要な取り組みの一つに「記録する」ということがあることを再認識した。

本誌の「時評」や月報の「参加記」などは、単なる記録ではない。それは現在を生きる歴史研究者が、歴史をめぐるさまざまな取り組みやテーマについて「記録する」のであり、後年の同時代史的検証の大事な記録なのである。

3・11以降、歴研は3・11をめぐる問題を「記録する」ことにできるだけの努力を重ねてきた。本誌二〇一一年一〇月号の「緊急特集　東日本大震災・原発事故と歴史学」と、それをふまえた二〇一二年五月の緊急出版（『震災・核災害の時代と歴史学』）、二〇一二年大会の全体会・特設部会などは、いずれも歴研が3・11を同時代にどう受けとめているのかの記録である。

二〇一二年夏、炎天下の一七万人集会や首相官邸前デモなどに参加するなかで、歴研として3・11の問題をどう記録し続けるかということを考えている。

二〇一二年一一月号（No. 900）

「同時代史的検証」。個別の歴史研究をはじめ、史学史や歴史認識、歴史教育、科学運動など、歴史学のあらゆる営為を成り立たせるのは同時代史的検証である。

同時代史的検証には二つの含意がある。一つは、対象とする時代に位置づけて検証することであり、もう一つは、歴史学的な営為を同時代＝現在とのかかわりで検証することである。

歴史教育をめぐる議論が各所で喚起されつつある。本号には、歴史学と歴史教育の関係性と固有性、国境を越える歴史教材の試みと各地での歴史教科書の動向などを一冊で検証できるようにまとめた。特集では、現在を新自由主義時代と位置づけ、先の二つの含意にもとづいて歴史教育をめぐる問題の同時代史的検証を試みている。

私ごとだが、今年は、友人たちと一緒に、3・11と歴史学にかかわる講座を東京と宮城県気仙沼市で開催した。夏の気仙沼では、宮城や岩手の人、全国の人、私たち関係者が集まり、被災地のいまと向き合って歴史学の存在意義をつきつめる経験をもった。緊張の場であった。

本特集にも、同時代の緊張感ある現場で歴史教育を検証する問題提起が並ぶ。ぜひ味読していただきたい。

二〇一二年一二月号（No.901）

「歴史実践」。歴研の活動にかかわって、「編集室から」に「受け継ぐ」「更新する」「記録する」「同時代史的検証」と書いてきた。それら全体をまとめて「歴史実践」と呼びたい。歴史実践としての歴研である。

歴史実践は、保苅実氏が探求したテーマである（『ラディカル・オーラル・ヒストリー』）。オーストラリア先住民アボリジニへのオーラル・ヒストリーを通じて、保苅氏は、日常的実践において歴史とかかわる諸行為を歴史実践と呼び、歴史学者のみならず、多様な人びとの歴史実践に注目するようになる。

歴研の活動を支える委員会も保苅氏のいう歴史実践に位置づけたい。委員会の背後には歴研会員の歴史実践があり、さらに社会の多様な人びとの歴史実践がある。二週間に一回開かれる委員会では、それらの歴史実践と切り結ぶべく、委員一人ひとりの歴史実践をふまえ、歴史実践としての議論をたたかわせる。会務・研究・編集のすべてを共同で議論する委員会では、そのような歴史実践こそめざしたい。

二〇一二年一二月に歴研は八〇周年をむかえる。歴研は、過去を受け継いで更新し、同時代的検証を重ねて記録する歴史実践を通して、二一世紀冒頭の時代にふさわしい問題を提起する場であり続けたい。

二〇一三年一月号（No. 902）

二〇一二年一一月、東京で第一一回「歴史認識と東アジアの平和」フォーラムが開かれた。テーマは、「市民からはじめる東アジア平和共同体――領土ナショナリズムを超えて」であり、まさに時宜にかなったものだった。

挨拶や基調報告に立った日中韓3国の代表者や関係者は、一様に、かつてない東アジアの緊張を指摘するとともに、市民の共同をめざすフォーラムが一一回継続したことに確信をもとうと呼びかけた。二〇〇一年の教科書問題を契機に、3国の歴史研究者・教育者・市民が南京に集まり、第一回を開催して以来、東アジアで対話が続けられている。国家間の対立と異なる、市民の共同・対話の継続が可能性を開いている。

フォーラムの話に耳を傾けながら、継続すること、対話を重ねること、議論の幅を確保することの重要性について、あらためて思い至った。

歴研創立八〇周年に記念冊子『証言　戦後歴史学への道』を編んだ。証言のなかで、遠山茂樹や江口朴郎は、戦後の歴研が、多様な現実をふまえた対話の努力を重ねてきたことに確信をもつべきだと指摘している。在野で出発した歴研もまた、幅広い共同と対話の努力を重ねたく思う。

二〇一三年二月号（No. 903）

二〇一二年一二月一五日に八〇周年記念シンポジウムを開き、二〇〇名の聴衆が集まった。翌日の総選挙後、はじめての編集後記を書いている。

総選挙後の沈鬱な気持ちのなかで、シンポジウムのなかの長谷川貴彦さんの声が蘇ってきた。長谷川さんは、歴史家のホブズボームを例にひき、歴史研究者は、最悪の事態を想定する短期的視点とともに、長期的視点をもつべきだと述べた。いま、二つの視点をどのように持つべきかを考えつづけている。

前号の編集後記で、「歴史認識と東アジアの平和」フォーラムが一一回つづいたことにふれ、もうひとつ、岩手県北上市和賀町で、身内でもない人が戦死者を供養する「千三忌」を思い出した。千三忌は二〇一二年に二八回目を開いた。

長く続けられている取り組みから教えられることが多い。ならば私たちは、八〇年つづいた歴研を根拠地のひとつとせずに、どこで対話を重ねるのだとあらためて思う。このようなときだからこそ、私は、「国家的な、民族的な、そのほかすべての古い偏見をうち破り、民主主義的な、世界史的な立場を主張する」という、歴研の綱領に刻まれた初心を思い返したい。本誌は、歴史的な思考を相互に点検し、長期的・短期的な視点を旺盛に討議する歴史の広場をめざしたい。

二〇一三年三月号（No. 904）

「未来への投錨」。本号から「シリーズ　3・11からの歴史学」を一年間に二回のペースではじめた。3・11を機に、災害史や原発をめぐる問題など、歴史学で取り組みが遅れていた分野があることがわかってきた。と同時に、史料保存や展示、講座、研究、教育などをめぐり、全国各地で3・11を受けとめようとする歴史学の動きがおきている。

このシリーズは、議論の遅れを取り戻すために、いわば歴史学の未来に向かって錨を投げるものである。本シリーズの錨が議論の波紋を呼びおこし、本シリーズが各所の議論の交流の場になることを期待している。数年立ち、五年が過ぎたときに、「3・11からの歴史学」とは何なのか、自然と人間の関係を含め、あらためて歴史学の全体史を討論できることをぜひとも期待したい。

「現在の検証」。本号の月報に、新たに、「《討論のひろば》現状と向き合って」が掲載されているのでご覧いただきたい。本委員会では、この年明けから、昨年末以来の政治的事態の位置づけをめぐって議論を開始した。そのために科学運動のチームを拡大した。チームには、委員会での呼びかけに応え、多数の委員が自発的に参加している。この問題をめぐっても、委員会の内外で議論を喚起していきたい。

二〇一三年四月号（No.905）

二〇一三年二月、調査を兼ねて冬の北海道に出かけた。旭川までバスで足をのばしたときに、深川市の雪原を通った。

以前に深川に来た時は暑い夏の日だった。親しかった林宥一氏が北海道で自転車旅行をした際に急逝し、林氏の故郷の深川であった葬儀に出かけたのである。

林氏の死後に三冊の遺著が編まれた。林氏が勤めていた金沢大学の友人たちが編んだ『銀輪』には、一九九〇年代における林氏の軌跡が二つ刻まれている。金沢大学平和問題ネットワークをつくり、『ネットワーク・ニュース』を発刊して学内の議論を喚起したこと。もう一つは、金沢大学生協発行の『アカンサス Review』に、三年間、書評を書き続けたことである。

林氏が描いた二つの軌跡は、大学内で公共的な場を自主的につくる試みだった。法人化後のいまの大学では、この試みは大変難しく思える。そのことを含めて誰かと話したかったが、林氏の葬儀に一緒に参列した安田浩氏ももういない。

晩年の林氏は、「地域的公共関係」の史的追究と、大学内に足場をつくる試みをともに進めていた。雪原を走るバスのなかで林氏を思い出しながら、歴史にかかわるものとして、いまの大学でも足場を築く方法は何かあるのではないかと考え続けていた。

二〇一三年五月号（No.906）

二〇一二年一二月に開かれた歴研創立八〇周年シンポジウム「歴史学のアクチュアリティ」において、村井章介氏の報告「〈境界〉を考える」を聞いた。

村井氏の報告で印象深かったのは、「現代社会に生きるわれわれ」の日常感覚を問題にし、「日本商人」や「倭人」などの史料読解と日常感覚のかかわりに注意を促していたことである。シンポジウムのテーマである「歴史学のアクチュアリティ」と報告内容が共鳴し、大いに刺激を受けた。

今年度の歴研大会では、「変容する地域秩序と境域」をテーマにした全体会を開く。「境界」をさらに発展させる試みであるテーマ「境域」は、昨今の東アジアにおける「領土問題」や、東アジア史・東南アジア史研究、海域史研究などと重なる論点が多いと思われる。大会では、昨年に引き続き、特設部会「3・11後の「復興」と運動を問う」も開催する。全体会や特設部会、各部会とともに、活発な討論をぜひ期待したい。

歴史学研究会委員会では、日本政府主催の「主権回復・国際社会復帰を記念する式典」開催に反対する緊急声明を発表した。声明については、ホームページなどでも公開している。重要な内容なのでぜひ確認のうえ、広く共有していただきたい。

二〇一三年六月号（No.907）

毎年、それとなく期することがある。それは映画を映画館で毎月一本は観ようということ。映画館で観る映画が好きだ。でも、毎月一本映画館で観ることはなかなかできない。昨年も一年間で五、六本だったのではないだろうか。

そのなかで、昨年、何といってもよかったのが、ヤン・ヨンヒ監督の『かぞくのくに』である。北朝鮮（朝鮮民主主義人民共和国）に住む兄が病気治療のために二五年ぶりに帰国し、家族が向き合う。日本での担当医からは、滞在三ヵ月での治療は不可能と告げられ、滞在延長を申請しようとした矢先、本国から急遽、帰国命令が下る。

思想や価値観の相違にとまどう妹役の安藤サクラが抜群にいい。映画は、国家に翻弄される家族の理不尽さや北朝鮮のあり方を問いながら、東アジアにおける国家と人びとの難しい関係をときほぐす糸口を得ようとする視点を無くしていない。

本号は「東アジア史」の特集を組んだ。東アジアの歴史について論じる必要性と「東アジア史」という方法の検証、東アジアの歴史の同時代史的検証など、「東アジア史」をめぐる方法と検証の論点を提示している。東アジアの現実と歴史学の方法を考えるために、ぜひ吟味願いたい。

二〇一三年七月号（No.908）

今月号の本誌リレー討論で、瀬畑源さんが「科学運動」という言葉に言及しているのを読み、元歴研委員長の西川正雄さんの言葉が蘇った。

西川さんは、委員長だった一九九〇年の総会で、委員から歴研綱領にある「人民的・変革的・科学的」という言い方に違和感がだされたとき、「下からのまなざしをもち、現実の矛盾から目を逸らさず、学問的な手続きをきちんとふむ」と読み替えて答えたと紹介している

（『歴史学研究月報』第四〇四号、一九九三年八月）。私が歴研委員で西川さんが委員長だった一九九一年の委員会で、「科学運動」という言葉への疑問が出されたときにも、西川さんは同様の柔らかな応答をした。

ときは東欧・ソ連の崩壊の前後であり、委員会にもマルクス主義や社会主義への懐疑が漂っていた。そんなときに西川さんは、「権力に奉仕」せず、「マルクス主義や社会主義」によりかからずに、「現状批判の学問として歴史研究に向かう」のが歴研であるとして、言葉を変えるのではなく、歴研の初心に即して言葉を言い換えた（同前）。それ以来、私も初心を想起して歴研の綱領などを考えるようになった。

それにしても西川さんの提案は鮮やかだった。話し方と一体になった声が今でも耳に残っている。

二　二〇一三年八月〜二〇一四年七月

二〇一三年八月号（No.909）

編集長になり、時評の意義を再認識するようになった。

現在の問題を歴史のなかに位置づける時評は、歴史認識を鍛え、歴史研究を促す大事な場である。歴研をめぐる証言のなかで、岡部広治氏や上原淳道氏は、一九五〇年代半ばの歴研の沈滞ムードのなかでも、「新しく生起する諸事件から歴史の問題意識の糧」を得るために、「時評」の充実をはかったという（『証言　歴史学への道』三二一〜三三、二九八頁）。

今月号の本誌に掲載した日中関係および日韓基本条約係に関する二つの時評は、二〇一三年一月に歴研委員会に設置した拡大科学運動チームの議論のなかで急遽依頼したものである。時評の意義を了解され、短時間のうちに執筆していただいたお二人に感謝したい。

歴研の拡大科学運動チームでは、主権の日に関する委員会声明や、六月一六日の教科書シンポジウムで、歴研ワーキンググループの報告「日本史教科書の「戦後史」記述を検証する」などに取り組んできた。本誌の二つの時評の読後感は、チームで議論してきたこととぴったり重なる。それは、戦後日本史をめぐる議論がまだ多く残されているということである。科学運動での議論や時評は、歴史研究の批判的継承・発展を要請している。今後の誌面で検討すべき事柄である。

二〇一三年九月号（No.910）

日本近世史を研究されていた青木美智男さんと山口啓二さんが亡くなられた。

二〇一二年一〇月、岩手大学で開かれた岩手史学会大会（東北史学会大会と兼ねる）で青木美智男さんにお会いした。大会では公開講演「震災と歴史学」があり、保立道久さんとともに、私も講演をさせていただいた。青木さんは3・11後の歴史学についてなみならぬ関心をもっており、盛岡まで足をのばして公開講演に参加されたのだった。

山口啓二さんからは主に著作を学ばせていただいたが、チリのアジェンデ政権崩壊後、いくつかの集会で、山口さんが「チリ人民連帯」のゼッケンをつけていた姿が目に焼きついている。お二人の学問は異なるようにみえるが、学問と現実の往復を大事にしており、その点で共通していた。青木さんは最近のインタビューで山口さんとの接点を語っており、また研究課題への意欲、使命感が強く印象に残った（『歴史評論』二〇一三年八月号）。お二人のご冥福をお祈りするとともに、研究課題は後身に託されているのだと思う。

本号には、「シリーズ　3・11からの歴史学　その2」を掲載した。このテーマをめぐり、引き続き、議論を重ねたいと思っている。ぜひ、ご味読願いたい。

二〇一三年一〇月号（No.911）

二〇一三年三月三日、日中韓三国の歴史研究者が共同編集した『新しい東アジアの近現代史』を題材にして合同シンポジウムが開催された。当日は、委員会の予想を超えて、幅広い世代と職業を含む一五七名が参加した。日本・中国・韓国の関係が領有問題で大きく揺れ動くもとで、三国の歴史研究者の対話の成果についての関心は高く、熱気のなかでシンポジウムがおこなわれた。

本号はシンポジウムの成果を小特集としてまとめたものである。報告とコメントのなかで、歴史認識の共有をめぐる可能性と困難がさまざまに語られている。本誌では、二〇一三年六月号から八月号にかけて、特集「「東アジア史」は可能か――方法／検証の同時代史」を掲載している。本号や特集が東アジアの歴史をめぐる問題の所在と論点を広く共有し、今後の議論を展開するきっかけになるように願っている。

本シンポジウムは、委員会研究部による総合部会例会として企画され、他団体と共催されたものである。会務・研究・編集の議論をすべて委員会で共有している歴研にとって、研究部や会務との連携は本誌の編集の大事な視点である。今後の編集でも、委員会の議論を適切に反映できるようにしたい。

二〇一三年一一月号（No.912）

史料を読み解く認識の仕方を明らかにすること、まだ十分に検討されていないこの点を解明することのうちに歴史学の存在証明があるのではないか、本号特集の問題意識はここにある。

歴史研究者は、史料の性格や組み合わせをさまざまに判断して読解を試み、さらに対象とする時代の全体認識や現在を生きることへの自覚をふまえて、史料を読み解こうとしているはずである。自分の認識を明らかにすることは決して簡単なことではない。だが、史料は読み解かれてはじめて生気が宿る。そうであれば、史料読解の認識構造を明らかにすることは、史料に生気を与え、さらには歴史学の存在理由と魅力を示すことにつながるのではないか。

本特集の執筆者の方々は、いずれも自分自身の史料読解の試行錯誤を語り、認識を明らかにすることの困難とともに積極的な意味についても語っている。具体的な史料に向き合った研究者の認識のプロセスの解明にこそ、史料に基礎をおく歴史学の特徴がよく示されることになるのではないか。史料を読み解く基本のなかに、まだまだ議論されていないことがある。本特集が歴史学という学問を再認識する契機になることを願っている。

二〇一三年一二月号（No.913）

今月号の本誌リレー討論には、歴研の事務局に長く携わった山田敬男さん、小林和子さんと、青木書店の編集を長くつとめた島田泉さんに登場していただいた。

きっかけは、歴研八〇周年の関係で、私が『歴研』復刻版の「月報」に収録された証言を読み、そのなかで戦前に『歴研』を発行していた四海書房の四海静氏の文章に出会ったことにあった（証言は歴研編『証言　戦後歴史学への道』に再録）。歴研は事務局や出版社の人によっても支えられている。リレー討論の掉尾は、歴研を支えてくださった方にお願いしたいと思い、小林さんと島田さんにはインタビューを受けていただくことができた。

二〇一一年五月号から始まった八〇周年のリレー討論は、本号をもってひとまず終了する。リレー討論には二六人の方々に参加していただけた。あらためてお礼申し上げたい。

本号には、前号に引き続く特集の論文とともに、恒例の大会報告批判を掲載してある。時評と展示評は、いずれも「慰安婦」問題にかかわるものであり、一二月一五日に予定している「慰安婦」問題のシンポジウムに先立って、問題の所在を共有していただきたく、急ぎ掲載した。ぜひお読みいただき、多くの方にシンポジウムへの参加を呼びかけたい。

二〇一四年一月号（No.914）

一九九〇年代以降、迫害と暴力の歴史を見直すもう一つのグローバル化が進んでいる。一九九一年、「慰安婦」にされた韓国の女性たちは日本政府へ償いを要求した。そのことが南アフリカに大きな影響を与え、一九九六年、真実和解委員会が設置された。二〇〇一年、奴隷制と奴隷貿易、植民地主義の歴史的評価を下した国連主催のダーバン会議が開催される。EU成立以降、ホロコーストはヨーロッパ共通の記憶になった。国家がおこなった歴史上の行為を見直す新しい国際規範の形成である（キャロル・グラックは「グローバル記憶文化」と呼ぶ）。

日本では、現政権発足から一年、特定秘密保護法案から教育委員会・教科書・大学の統制、沖縄基地問題、集団的自衛権から憲法改悪へと、国家の権限強化の当初の方針をいよいよ実行しようとしている。この方向性はしかし、世界史の新しい動向からいかにかけ離れていることか。

本誌では、現在の世界史的位置と過去の歴史を検証し、歴史学の方法を吟味する努力をたえず重ねたい。それが現在おきていることの歴史的意味を確認する力になるからである。戦後、何度も歴史の曲がり角があった。いまがそのときであることは間違いない。一人ひとりが歴史的位置を確認し、判断し、声をあげることが大事である。

二〇一四年二月号（No.915）

二〇一三年一二月一五日、日本史研究会と歴史学研究会の合同シンポジウム「「慰安婦」問題を／から考える」が開かれ、一五〇人の参加者を交えて濃密な報告・コメント・討論がおこなわれた。

シンポジウムでは、日本人「慰安婦」や朝鮮戦争時の韓国軍慰安婦、さらには昨今のマスコミ報道をテーマにして、「「慰安婦」問題を考える」ための論点が追究された。

シンポジウムでもうひとつ提起されたのは、「「慰安婦」問題から考える」必要性だった。シンポジウムのなかで、「慰安婦」問題は、「日常社会の構造が最も集約的、極限的に現れた問題」（開催主旨）だということがくりかえし指摘された。「慰安婦」問題は、彼方にあるのではなく、此方の問題である。此方の問題、つまり私たち一人ひとりの問題として考えるために、シンポジウムでは、「軍事性暴力の世界史と日常世界」をサブタイトルに掲げ、「慰安婦」問題を世界史と日常世界のひろがりのなかで検討する必要性が強調された。「慰安婦」問題を考え、「慰安婦」問題から考える。「慰安婦」問題は、歴史学に携わる一人ひとりの持ち場や専門領域とどう結びついているのか、歴史学の構想力がためされているのである。

二〇一四年三月号（No.916）

二〇一四年一月に神戸を訪ね、阪神淡路大震災と3・11をつなぐ小さな集まりに出席した。一六年間、神戸で震災史料を記録してきた「震災・まちのアーカイブ」の主催である。

当日は三人話した。「震災・まちのアーカイブ」の出発点が振り返られ、震災史料を残してきた人からなぜ震災史料を託されたのかが語られ、さらに3・11後の被災地で歴史のフォーラムに取り組んできた人から話しがあった。「震災・まちのアーカイブ」は、「アーカイブが「まち」のなかにあるということ」（設立の文章）が大事だと思ってつくられた。人と人のつながりのある「まち」にアーカイブを置き、震災史料を託してくれた人との接点のなかで史料を記録してきたのがこのグループだった。

集まりの話はいくつにもつながって頭をめぐった。二つの震災後／新自由主義／現政権／神戸、３・11後の被災地、地域にくらす／史料―話の接点から浮かんだことは、人と人のつながりのなかで史料を記録し、考えることが大事であり、それは歴史と現在をめぐって考える場合にも大切な視点だということだった。シンプルだが、あらためて大事なことに気づくことができた。本号には「シリーズ　３・11からの歴史学　その３」を掲載した。ぜひお読みいただきたい。

二〇一四年四月号（No.917）

沖縄は今どうなっているのか。オスプレイ配備で緊迫した二〇一二年九月二九日、普天間基地のゲートは、身を投げ出す人たちで完全に封鎖された。映画「標的の村」のスクリーンに叩きつけられた、本土で報道しない沖縄の現実。映画で響いた抵抗の声と警察の強制排除、反対運動で命をすり減らさないために開かれた音楽祭が、今でも私のからだをとらえる。

米軍基地の名護移転を強行しようとする現政権に対して、沖縄からは「第二の琉球処分」が指摘される。すでに苛烈な政治的暴力が作動する沖縄において、新城郁夫は阿波根昌鴻を想起する（『けーし風』八一号）。非暴力の抵抗のなかで日常の生の様式がつくられ、生の様式化の本質は抵抗にほかならないことを、どこかユーモラスに語る阿波根を思い起こし、新城は悲観の一歩手前で踏みとどまるという。

四月二八日が来る。本会は、昨年（二〇一三年）、政府主催の主権回復記念式典に反対する声明をあげた。今年は、歴史学関係三団体（歴科協、歴教協、歴研）で、四月二八日の意味を改めて考え、名護移転に反対する集会を開く（明治大学リバティタワー、四月二八日午後六時半〜）。今、四月二八日と沖縄に思いを致すとはどのようなことなのか、当日は多くの方と認識を深め、歴史学関係者の意思を発信したい。

二〇一四年五月号（No.918）

現政権は、内外の批判を受けながらも、靖国神社の参拝から集団的自衛権の確保、改憲へ向かう道を突き進もうとしている。「歴史」が大きな争点になり、「慰安婦」問題、四月二八日、歴史教科書などが議論の焦点になっている。この点で、歴研もシンポジウムや集会、声明などで迅速な対応をめざしている。

と同時に、このような緊迫した情勢であるからこそ、歴史学に何ができるのか、歴史学の営みにどのような意味があるのかを自己省察しなくてはならない。本年五月開催の歴研大会では、この課題に正面から挑む。

全体会「いま、歴史研究に何ができるかⅡ――歴史研究という営みを掘りさげる」と特設部会「資料保全から歴史研究へ――いま、歴史研究に何ができるか」は、相互に関連している。阪神・淡路大震災から東日本大震災に至る資料保全の活動を含めて資料読解のあり方を改めて問い、それと歴史研究や歴史叙述、歴史教育との関連を探る議論がめざされている。歴史学の根本の議論を深めようとしているのであり、この議論は、現情勢に対峙する歴史学の役割を考えるうえでも欠かせない。

大会ではすべての部会で喫緊の課題に取り組んでいる。ぜひ多くの方が大会に足を運んでいただきたい。

二〇一四年六月号（No.919）

私がはじめて歴研委員になった一九八二年に、歴研は、若手委員の提案で、『歴史家はなぜ〝侵略〟にこだわるか』というパンフレットを発行した。「侵略」を「進出」に書きかえた教科書検定に対抗するためである。

当時の歴研財政は厳しく、発行が危ぶまれたとき、委員長の荒井信一さんが、「だしましょう、最後は私が責任をとります」と発言して若手の提案を支持し、発行が決まった。小さなパンフは好評で、ほどなく版を重ねて財政への負担を免れた。

のちに荒井さんと歴研のかかわりを調べたとき、荒井さんは歴研沈滞期の一九五七年に「戦後の歴研の歩みについて」（本誌二二二号）をまとめ、戦後に歴史家の戦争責任がつきつめられなかったことを「残念」だと書いていたことを知った（歴研編『証言　戦後歴史学への道』「解題」など）。ときに荒井さんは三二歳、年輩の歴史家への問題提起だった。

一九八二年の荒井さんは、歴研での若き日の活動をふまえ、一切の権威と無関係に若手が発言できる委員会が歴研の原動力だと考えていたのではないかと思う。そのことは今でも変わらない。今の歴研委員会も、若手委員を含め、世代をこえた議論や批判を含めた継承がめざされている。荒井さんの凛とした声が今でも耳に残っている。

二〇一四年七月号（No. 920）

二〇一三年一月一八日の歴研委員会終了後、午後九時から、第一回の拡大科学運動チームを開いた。チームは委員の自発的な参加で、第二次安倍政権と歴史認識をめぐる議論をおこなうためにつくったものであり、第一回の議論には委員の三分の二が出席し、熱気がこもるなかで論点を洗い出した。

チームでの議論にもとづいて『月報』に「《討論のひろば》現状と向き合って」を設置し、本誌では時評を依頼した。二〇一三年の主権回復の日に対する委員会反対声明を出したり、六月の教科書シンポの報告を準備したりするなかで、委員会の認識はしだいに深まっていった。

今回の特集には、以上のような議論が反映されている。冷戦崩壊から二〇年、あらためて「戦後日本」とその問い方を問い直す必要がある、「戦後日本」を日米関係に閉じ込めたり、アジア不在で「平和」を議論したりせずに、世界と東アジアの冷戦や脱植民地化とのかかわりで論じ、「戦後日本」の問い方を鍛え直すこと、これが本特集の趣旨である。

この特集は、現状をめぐる緊要な課題について、的確に照準を合わせるために必要であり、さらに私たちそれぞれを規定する「戦後日本」を再検討するためにも必要だと考えて企画した。ぜひご味読いただきたい。

三　二〇一四年八月〜二〇一五年七月

二〇一四年八月号（No. 921）

本号には、近世史に関する二つの批評を掲載した。一九七〇年前後の人民闘争史研究と、二〇一三年に亡くなった青木美智男氏の研究を、それぞれ史学史に位置づける批評である。深谷克己氏と若尾政希氏の論稿は共鳴し、私たちに重要な論点を提示している。

ともに人民闘争史研究の渦中にあった深谷氏と青木氏は、そこから仁政研究や文化史研究へと歩みでる。二つの批評を重ねると、二人の研究の推移のポイントがいずれも一九七〇年代初頭にあったことがよくわかる。背後に高度成長後半期の巨大な社会変容があり、現実の要請と社会変容を受けとめる問題感覚と、闘争史研究を拡張してさらに全体史をめざす問題認識があった。

深谷氏と青木氏のその後の研究成果を想起すれば、歴史研究には同時代との深い応答が欠かせないことにあらためて気づく。そのことは、深谷氏と青木氏だけでなく、青木氏の研究をたどる若尾氏にも共通する。青木文化史の根源を探ろうとする若尾氏の筆致の背後には、若尾氏自身が時代と応答する問題感覚がある。

こうしてみれば、二つの批評は、人民闘争史や近世史の枠にとどまらず、私たち一人ひとりの歴史研究が時代とどのように応答しているのかを問いかけている。

二〇一四年九月号（No.922）

二〇一四年七月一日、集団的自衛権の行使を認める閣議決定がされた。現政権が関連法案を整備するという今後の一年間は、日本と世界にとってきわめて重要な時期になる。

集団的自衛権については、法学者の重要な論点提示に対して、歴史学の論点提示は遅れている。歴研委員会は、今年五月総会の委員会決議に続き、この問題の議論を続けている。

歴研八一年の歴史をふまえるとき、世界史的視野に立つことと、歴史学者の戦後の初心を振り返ることが何よりも大事ではないか。政治と国際関係を重視する帝国主義認識、東アジア像再構成の提起、n地域論、植民地責任論など、歴研の内外で提起された世界史的認識とのかかわりで集団的自衛権の問題を理解しよう。歴史学者は、戦後の初心をどのように歴史学に結びつけようとしたのか、一人ひとりの声を聞き、改めてこの問題について考えよう。

いま大事なことは、歴史学に携わるすべての人が、自らこの問題の重大性を受けとめ、あらゆる場で、この問題の歴史的意味を語ることである。歴研は歴史学関係団体とも協力した連続シンポジウムの開催や本誌の時評掲載など、歴史学の総力をあげて、集団的自衛権行使容認の歴史的意味を鮮明にする。ともにこの問題に全力で対処しよう。

二〇一四年一〇月号（No.923）

パソコンがなかったころの委員会はどのように運営していたのか思い返そうとしていたら、研究室から『歴史学研究会　一九八二・五・二四〜』というノートが出てきた。私が歴研委員として会務幹事をつとめた一年間の記録である。

そのノートを読み返し、一九八二年度の本誌と月報に目を通してみた。月報に、福岡（平井一臣）と金沢（林宥一）の「歴史科学運動」の取り組みを報告する文章があった（二七六・二七九号）。二つの文章は、「会員の叡智を結集」しようとしたアンケート実施に関連して（本誌五一一号）、広く各地域で歴史科学運動に取り組む人たちの意見を聞いたものだった。

平井氏は、福岡地域のファシズムの歴史の掘り起しの必要性にふれ、林氏は生活満足度が高いとされる金沢での歴史科学運動のあり方について言及している。二人ともに語っているのは、一九八〇年代において、地域で歴史学に取り組む困難と可能性についてである。

三〇年ぶりのノートなどを読み、歴研委員会の活動は、当時も今も変わらないと思ったが、歴研委員会で大事なことは、内外各地の会員と切り結ぶ道をつねに開くことであろう。一九八〇年代の時代とその時代の歴研委員会を思い返し、二〇一四年の歴研委員会もまた会員と結ぶ道を多く開きたいと思っている。

二〇一四年一一月号（No.924）

『朝日新聞』は、八月五、六日に「慰安婦」問題の特集記事を掲載し、吉田清治氏の証言による過去の記事を取り消した。その後、インターネットや週刊誌、一部の新聞では、朝日批判だけでなく、「慰安婦」問題はあたかもなかったとする一大キャンペーンがはられている。

今までと同様に、すでに決着済みの吉田証言と朝日批判を都合よく結びつけ、その一点から「慰安婦」問題一般を否定する論法だが、異常なほどのキャンペーンで、「慰安婦」問題の「全体像を隠蔽し抑圧」（安丸良夫「「従軍慰安婦」問題と歴史家の仕事」）する事態が続いている。

歴研は、「慰安婦」バッシングに対抗し、「慰安婦」問題の全体像解明のために、昨年末には日本史研究会と共催で、軍事性暴力と日常世界の関係を問うシンポジウムを開き、その成果を本年末に岩波書店より刊行予定である。

今回の特集は、シンポジウムに続き、性売買の歴史を日本の前近代と欧米・アジアに問う。「慰安婦」問題を局限化せず、性売買と社会構造の関連を検討し、さらに性売買の当事者の側から考える視点をもつことで、広く歴史研究の課題を提起する企画である。「慰安婦」バッシングに抗するためにも、本特集が広く読まれることを望む。

二〇一四年一二月号（No.925）

眼前の現実を歴史学の課題として引き受けるにはどうしたらいいのか、本号会告にある一二月一三日開催の歴研シンポジウムは、このような問題関心のなかで企画された。

本年四月から八月にかけて、本委員会は、辺野古への基地移設に反対する歴史家の集会、集団的自衛権問題への声明、「戦後日本」に関する本誌特集に取り組んできた。これらの取り組みをふまえ、委員会では、歴史学の立場から集団的自衛権問題を見すえ、「戦後日本」と「平和主義」を問い直すためにはどのような視点が必要なのか、くりかえし議論した。

そこから浮上したのが、世界史、沖縄、前近代史という時間的・空間的ひろがりのなかで、戦後日本と平和主義を再検討する視点である。集団的自衛権問題にあたり、歴史学のパースペクティブがためされている。ただし、その有効性は眼前の現実に近い近現代史だけではなく、前近代史や沖縄を含めたひろがりのなかで問われなくてはならない。

一二月一三日の歴研シンポジウムは、歴史に関心をもつすべての人びとにかかわる歴史学の課題を議論する場である。ぜひ多くの方に参集していただき、集団的自衛権問題を見すえて歴史学の課題を考え、歴史認識を深める討論の輪に加わっていただきたい。

二〇一五年一月号（No. 926）

忙しさのあいだをぬうようにして映画を二本みた。かつて『ペレ』をつくったビレ・アウグスト監督の『リスボンに誘われて』と、NHKで『四季・ユートピア』などをつくっていた映像作家佐々木昭一郎の『ミンヨン　倍音の法則』である。ともに過去を訪ねる作品であり、言葉と音楽・歌が手がかりになっているところに強い印象が残った。

一九三〇年代からつづいたポルトガルの独裁体制は、民主化運動により一九七四年にようやく打倒された。民主化運動の渦中の人の思索をまとめた小さな本。一本目の映画の主人公は、その本を手がかりに、スイスのベルンから一九七〇年代のリスボンに向かう。日本語と英語も堪能な韓国のミンヨンは、一枚の古い家族写真から戦時中の日本に向かう。モーツァルト、韓国と日本の歌のなかに浮かびあがる、戦時下の言論統制で追いつめられた家族の姿。

二本の映画ともに、人生や言論、思想が抑圧された過酷な時代をたどる。その映画のなかで、小さな本がくりかえし読まれ、ミンヨンの歌が何度も流れる。映画のなかの言葉と歌はいつのまにか倍音（ハーモニックス）となり、大きな時代と向きあう。言葉と音で時代と対峙した映画のように、歴史学もまた言葉で時代と向きあう学問のはずである。

二〇一五年二月号（No.927）

歴研の会員になった二〇代のころ、毎号送られてくる本誌の掲載論文をみるのが楽しみだった。古今東西の多彩なテーマを掘り下げた論文から、歴史学のひろがりや深さを感じ、いたく刺激を受けた。そのころの歴研では、世界史を日東西で区分する弊害がくりかえし指摘されていたが、それでも世界史と関連づけて各国・各地域の歴史を議論する歴研に可能性を感じていたことも確かだった。

歴史学には、今を生きる人間が過去を問うという特性がある。歴史学の主題を現代的課題に安易に結びつけるのではなく、しかし、今を生きることとどう向き合って歴史学の研究をまとめるのか、そのことが常に問われている。歴研は、歴史学の研究教育に携わる広範な読者を会員としている。二〇代のころに読んだ本誌の掲載論文には、個別のテーマを掘り下げるだけでなく、歴史学の課題を広く示したものが多く、さまざまな示唆を受けた。

現在は、若手研究者問題で若手の研究条件は決して望ましい状態ではない。だが、そのような状況であればこそ、ぜひ本誌に多くの人が投稿し、歴史学の課題を広く問うかたちで論文を掲載していただきたい。本誌は、個別の課題を広く歴史学の課題としてひらくための場であり、多くの方の投稿を待っている。

二〇一五年三月号（No.928）

二〇一三年三月号より、年二回のペースでシリーズ「3・11からの歴史学」を始めた。その号の編集後記に「未来への投錨」と書いた。自然と人間の関係を含め、災害史や原発をめぐる問題など、歴史学で取り組みが遅れていた分野があった。と同時に、史料保存や展示などをめぐり、全国各地で3・11を受けとめようとする歴史学の動きがおきていた。

議論の遅れを取り戻すために、本シリーズは、いわば歴史学の未来に向かって錨を投げたものである。錨が議論の波紋と交流を呼びおこすことを期待した本シリーズも、今号で第五回を迎えた。二〇一五年の今年はまた、阪神淡路大震災から二〇年にもあたる。

シリーズでは、東日本大震災、原発事故から阪神淡路大震災、関東大震災、前近代の地震・災害まで射程に含み、史料や展示、文献をめぐる論点、災害史研究の課題、ジェンダーの視点、東アジアへの視野、自然科学との対話、反原発運動を含めた核の問題などをめぐって議論を続けている。

その議論は、要するに「3・11からの歴史学」をどのように考えたらいいのかをめぐる討議にほかならない。シリーズがさらに回を重ね、歴史学をめぐる議論がいっそう活発になることを期待したい。

二〇一五年四月号（No. 929）

×月〇日。メールを確認してから、朝九時すぎに歴研事務局に電話をし、増田さんと編集関係の諸々の打ち合わせをする。編集長三年間の一日は、電話での確認から始まることが多かった。

本誌の特集や企画を練る場合には、編集委員会で集まって話し合い、編集委員以外にも応援を頼み、議論をくりかえして委員会で提案する。委員会や委員会後の懇親会でのおしゃべりで、大事なヒントをもらうことも少なくなかった。時評や「3・11からの歴史学」などの提案と依頼も大事である。

投稿論文の審査と所見作成をはじめ、掲載用の論文・書評などの確認・校正は委員全体で分担して編集長が全体を確認し、原稿整理や校正は専門の人に依頼する。本誌は多くの人に支えられていることを実感した三年間だった。

大いに議論して楽しみながら編集することが大事だと思い、取り組んできたが、ときに締切り直前になることもあった。「編集後記の締切りです。△日までに書いてください」と増田さんからメールが来た。あっ、いけない、もうそんな時期だ、今回は何を書こうと考えあぐねたあげく、三年間の編集の日々を書くことにした。

なお本号より表紙のデザインを少し変えました。

二〇一五年五月号（No.930）

二〇一二年八月号から編集後記を書き始め、最初の五回に「受け継ぐ」「更新する」「記録する」「同時代史的検証」「歴史実践」とタイトルをつけた。この五つが歴研の編集にとって大事だと思ったからである。「受け継ぐ」と「更新する」について、三年間の編集を振り返ってみたい。

本誌特集と企画出版に際して二つのことに留意した。一つは、私たちの社会が直面する課題に歴史学の立場から応えることであり、特集の「「東アジア史」は可能か」や「「戦後日本」の問い方と世界史認識」、小特集「大阪発の危機と歴史学」などがそれにあたる。もう一つは、歴史学に生気を吹き込むために、歴史学のあり方そのものを再検討しようとした。特集「史料の力、歴史家をかこむ磁場」などである。

企画出版の『歴史学のアクチュアリティ』や『「慰安婦」問題を／から考える』、本誌シリーズの「3・11からの歴史学」は、二つの留意点の接点に位置づくものだった。現実とのかかわりをつねに考えながら、歴史学を根源的にとらえ直す、その作業を通じて歴史学の魅力を伝えたい。本誌を歴史学の成果を「受け継」いで「更新」する広場にしたい。特集や企画出版には、さまざまな反響をいただいた。本誌が歴史学の広場であり続けることを願っている。

二〇一五年六月号（No.931）

二〇一二年一二月号の編集後記で、「歴史実践としての歴研」と書いた。保苅実氏が探求した歴史実践に、歴研もまた位置づけてみたかったからである。だが、この三年間、ヘイト・スピーチによるすさまじい圧力で「慰安婦」問題などが否定され、3・11では絆やがんばろうが連呼された。歴史と歴史学がこれほど軽視される時代はなかったと思うほどだった。

こうしたなかで心がけたことは、世界史と日常世界に立脚する視点を欠かさないことだった。『歴史学のアクチュアリティ』や「慰安婦」問題のシンポジウムと書籍、本誌などで議論してきたことはこの視点にかかわる。

私たちは、一人ひとりが日常を生きるなかで歴史について考え、歴史実践をしようとしている。そこには世界史の動向もかかわっているはずだ。同様に歴史研究のテーマもまた、同時代の日常世界と世界史に結びついているはずである。日常を生きるなかの歴史実践と、歴史過程における歴史実践の関連を、粘り強く考える歴史的想像力が問われている。

ヘイト・スピーチの時代に抗するためにも、「慰安婦」問題や3・11は、彼方の出来事ではなく、一人ひとりの歴史実践に通じるテーマであることを提起すること、これが三年間の編集でめざしてきた歴史実践であった。

二〇一五年七月号（No. 932）

「受け渡す」。二〇一二年から三年間、編集長を務めた私は、歴研の編集に取り組み、職場で「現代経済史」を教え、調査地で人に話を聞き、被災地でフォーラムをひらき、そして「生存」の歴史学を考えてきた。これらは私のなかで一連のつながりあるものだった。

毎日を生きることと編集長を切り離さず、私自身が日常から社会や世界につながろうとしたように、本誌もまた現在とかかわりながら社会や世界にひらくことをめざした。

こうしたなかで私は、過去に歴研を担った人びとの研究成果とともに、それぞれの時代を生きることとかかわって書かれた証言から学ぶことが少なくなかった。調査地でも同じであり、人の話に耳をよくすましてみると、地域を生きる人びとから学ぶべき多くのことがあった。

歴研でも地域でも学ぶべきことがあり、毎日を生きながら、それらを受け継いで本誌に反映する、地域の人につなぐ。それらは畢竟、歴史を受け継いで現在と未来に受け渡すことであり、私はこの三年間、歴史と歴史学のあり方を再考し、その魅力をあらためて提示しようとしてきたことになる。そして受け継いだバトンは次の人たちに受け渡す。受け渡すこともまた歴史学の大事な営みである。

【補注】

◎「編集室から」『歴史学研究』第八九五号〜第九三二号、二〇一二年八月〜二〇一五年七月、所収。

歴史学研究会の編集長をつとめていた二〇一二年から二〇一五年まで、『歴史学研究』の編集後記（「編集室から」と名づけられている）を書く機会を与えられた。二〇一二年八月号から二〇一五年七月号までである。私は、毎号二〇〇字程度の編集後記の執筆を楽しみにしていた。編集後記には、日々を生きるなかで歴史学／歴史とかかわり、歴研にとりくんできたことに留意して文章を書くように心がけた。「序」で述べたように、二一世紀冒頭の時代状況のもとでは、日々を生きることと歴史学／歴史を切り離さないことが、とりわけ大事だと思われたからである。編集後記には、歴研のシンポジウムや『歴史学研究』の企画に関する記録だけでなく、歴研にかかわった人たちや、私自身の調査や旅行先の出来事、映画評などをとりあげている。それはまた、日々を生きるなかで歴史や歴史学を受け継ぎ、受け渡すことでもあった。

Ⅲ

歴史を受け継ぐ／受け渡す——同時代史的検証の試み

6　戦前・戦時・戦後の証言を読む――歴史学研究会の証言

はじめに

歴史学研究会〈歴研〉の機関誌『歴史学研究』〈『歴研』〉は二回復刻されている。第一回が、一九三三年一一月の創刊号から一九四四年六月の戦前最終号である一一一号までを収録し、第二回が、戦後に再刊した一九四六年六月の一二二号から一九五九年六月の二三〇号までを対象とする。

『歴史学研究』は、戦前に四海書房、蛍雪書院の発行をへて、一九四一年九月の九一号から岩波書店の発行となり、一九四四年五月六月・合併号の一一一号まで刊行した。第一回復刻はこれらの号を含む。戦争末期の休刊後、戦後に岩波書店から再刊した『歴史学研究』は、一九五九年三月の二二九号で岩波書店での発行を終え、二ヵ月の休刊後の一九五九年六月、二三〇号から青木書店に発行所に移して刊行を再開した。第二回の復刻には、戦後の岩波書店での再刊から休刊をへた青木書店の再刊一号目（二三〇号）までが含まれている。

第一回の復刻は、全二三巻と別巻（総目次・総索引）で一九七三年一〇月から一九七七年六月まで刊行され、第二回の復刻は、全一八巻で一九八六年一一月から一九八八年四月まで刊行された。復刻はいずれも青木書店による。

二回の復刻の各巻にはいずれも「月報」が付され、各巻に収録された『歴史学研究』およびそのころの歴史学研究会にかかわる「証言」が収録されている。証言のタイトルと執筆者名は、本冊子〈歴史学研究会編『証言　戦後歴史学への道―歴史学研究会創立80周年記念』青木書店、二〇一二年〉の目次に掲げてある。第一回復刻の「月報」には毎回三名の証言が掲載され〈第二三巻のみ二人〉、総計で六八名、第二回復刻の「月報」には毎回二名の証言が掲載され、三六名におよぶ。

本冊子のリストにあるように、歴史学研究会は今まで多くの証言を集めており、その一部は『歴史学研究会四十年のあゆみ』や『歴研半世紀のあゆみ』などに収録されている。今回、二回の復刻に寄せられた「月報」の証言を再録したのは、以下の三つの理由による。第一に、二回の証言ともに復刻の「月報」に掲載されたので、現在では入手が難しく、今まで取り上げられることがほとんどなかった。貴重な証言を多くの人が読める状態にしたいというが再録の第一の理由である。第二に、これらの証言には第一回六八名、第二回三六名と多くの人が参加している。歴研や『歴史学研究』、さらには同時代の歴史学の動向にかかわって、これだけ多くの証言をまとまって検証できることはそうあることではない。それに加えて、戦前・戦時期の歴研は本誌や月報関係以外にまとまった史料もなく、検討もこれからに委ねられている。今回掲載した証言は重要な史料になるにちがいない。また戦後の岩波書店時代の歴研についても、不明なことや未解明のことが多く、この点でも今回掲載の証言が役に立つに違いない。

以上の二つの理由に加えて、第三は歴研をとりあげる研究視角にかかわる。歴研の活動については、一九六八年に書かれた遠山茂樹『戦後の歴史学と歴史意識[一]』があり、現在でも重要な参考文献であるが、この本は戦後第一世代として歴研に中心的にかかわった歴史家による史学史として読まれるべきであり、戦後第二世代として歴研にかかわった荒井信一『世紀史を伝える[二]』などとあわせて検討されるべきであろう。歴研についてはその後、二〇世紀から二一世紀への変わり目のころに戦後歴史学再検討の機運がおこり、一九九九年度には歴研および日本史研究会の大会でそれぞれ戦後歴史学を再考する大会が開かれ、その過程で歴研も検討対象になった[三]。

仮に、戦後の岩波時代の歴研を体験した遠山氏や荒井氏らによる歴研論を第一期（以下、敬称略）、世紀の変わり目の歴研論を第二期とするならば、歴研の検討は、現在、第三期にある。史学史は長いこと学問史として議論されることが多く、また体験者による記述が多かった。それに対して、近年、ようやく同時代史的検証による史学史があらわれてきた。歴研も検討対象に含む、ごく最近の、戸邊秀明「社会運動史としての戦後歴史学研究のために」(四)はその好例である。そこでは、歴研や日本史研究会、歴史科学協議会の学問と活動を同時代の文脈に即して読み解く同時代史的検証がおこなわれている。通例の歴史研究でおこなわれる史料読解と同様に、歴研のような学会や『歴史学研究』を狭い意味の学問史にとどめず、活動の全体像を歴史のなかに位置づける努力が始まっている。戸邊の問題意識は、論文のサブタイトルである「史学史の再検討にむけたいくつかの提言」に明瞭である。サブタイトルとメインタイトルを合わせ、戸邊は「戦後歴史学」を、「固有の認識論や研究方法をゆるやかに共有する者たち」が「さまざまな回路を通じて社会にはたらきかけてきた諸実践の総体」に位置づけ、そこから「社会運動史」の一環に位置づける。狭い意味での学問史としての史学史ではなく、歴史実践の視角による史学史が始まっているのである。歴史実践としての史学史は、対象を丸ごととらえて同時代的検証を試みる必要がある。その点で、歴研にとっては、『歴史学研究別冊　総目録・索引　一九三三→二〇〇六』(五)とそこに掲載された「解題」が、歴史実践としての史学史の検証にとって重要な手引きになる。

なお、歴史学研究会の活動を軸に史学史をまとめた遠山の著作も、歴史実践としての視角からまとめられている。ただし、当事者が体験した直近の時代までまとめたものであり、歴研をより幅広い視角から同時代史的に検証する作業は残された課題になっている。

歴研をめぐる研究史の紹介がやや長くなったが、ここで研究史に言及したのは、本冊子に収録した証言を狭い意味での学問史のなかではなく、歴史実践のなかに位置づけて読んでほしかったからである。歴史実践は、オーストラリア先住民アボリジニへのオーラル・ヒストリーを通じて、保苅実が探求したテーマである。(六) 保苅は、日常的実践において歴史とかかわる諸行為を歴史実践と呼び、オーストラリアのグリンジ・カントリーでの長老たちの歴史実践をもとに、自らの歴史実践を示そうとした。

ここでは、大学や研究室を飛び出て在野につくられた歴史学研究会が、部会や大会、講演会、論文・書評などの編集を通じて社会にはたらきかけ、歴史とかかわる諸行為の総体を歴史実践と呼ぶ。証言を歴史実践の一環として読むと、本冊子に収録した証言については多様な読みが可能になる。各時代の歴研や『歴史学研究』では、学問に加えて、大会や講演会の開き方、編集の方針と内容、書評や部会の記録、時代が要請するテーマへの取り組みはどうであり、社会にどう働きかけようとしたのか、これらの諸点に留意した広いアンテナで証言を読むとき、そこからは歴研の可能性や困難、未発の契機がさまざまに浮かび上がるはずである。戦前・戦時を対象にした第一回の証言については、戦時下の抵抗や困難・妥協をめぐって議論できるはずであり、戦後の一九五〇年代までの証言からは、戦後の歴研が高揚と沈滞をへるなかで、「戦後歴史学」はどのように誕生したのか、その検証の手がかりを得れる可能性がある。この解題では、証言の多様な読みの可能性の一端を提示しておきたい。

「はじめに」の最後に、証言の読み方の留意点を書きとめておく。証言の場合、三つの同時代史的検証の必要性を自覚しておく必要がある。三つの同時代史的検証とは、証言が対象にする時代（たとえば戦時期の歴研）、証言が書かれた時代、そして証言を読む私たちがいる二一世紀冒頭という時代をふまえた検証である。戦前・戦時期および戦後岩波書店発行期の歴研を振り返る証言が一九七〇～八〇年代に書かれており、それを二一世紀冒頭に生きる私たちが読むのである。史料の読解にあたっては、史料読解に含まれた時代性を認識することが重要であり、証言の場合には三つの時代の検証を重ねる必要がある。史料読解一般にかかわることであり、史学史にあたってもふまえるべきことである(七)。

以下、本解題では一回目・二回目の復刻をそれぞれ「第一回復刻」「第二回復刻」、第一回復刻の創刊号から一二一号までの歴研を「歴研第一期」、第二回復刻のうちの岩波書店発行の時期にあたる一二二号から二二九号までを「歴研第二期」と呼ぶ。証言は、本文中に氏名を明記するか、戦前のものは［三島二］のように示し、二回執筆している高橋磌一と藤間生大については、［高橋磌一1］のように区別する。戦後は【遠山茂樹】とする。また本解題にかかわる歴研関係の文献について略記を示しておく。

・歴史学研究会編『歴史学研究会四〇年のあゆみ』一九七二年→『四〇年』
・歴史学研究会編『歴研半世紀のあゆみ』青木書店、一九八二年→『半世紀』
・歴史学研究会編『歴史学研究別冊　総目録・索引　一九三三―二〇〇六』青木書店、二〇〇七年→『総目録・索引』

一　戦前・戦時期の六八人の証言を読む

戦前・戦時の『歴研』および歴研を対象にした第一回復刻の証言六八人について、以下の五点を指摘しておく。第一回復刻の経緯、歴研に対する認識、歴研の活動・編集、活動の画期、証言の読み方の五点である。

①第一回復刻の経緯

第一回復刻の経緯については、復刻を決めたときの歴研委員長永原慶二が書きとめている[永原]。それによれば、『歴研』戦前部分については、一九六〇年代から七〇年代にかけて複数の出版社から復刻の申し出があったが、一九六〇年代の委員会では、復刻に賛否両論があって意見が分かれたために見送りになった。復刻に消極的な意見とは、戦争中の『歴研』

は、「戦争にたいする批判の姿勢を十分に貫徹しえてはおらず、ときには戦争に迎合するような文字さえ散見する」という点にかかわっていた。いまさら「過去の古傷」をさらけだすこともないだろうという考えがあったようだと永原は述べる。

それに対して、永原が委員長の一九七〇年代初頭になると、①戦前の『歴研』にはたしかに「古傷」というべきものがあるが、『歴研』は『唯研』などとちがい、さまざまな人が参加しており、今日から見て戦前の歴研に「無謬性」を求める方がおかしい、②中心的メンバーの文章に戦争迎合的な字句があっても、当時の情況のなかで理解すべきであり、それを「古傷」という感情で扱うべきでない、③ただし、「古傷」意識とは別に、過去の「栄光」らしきものを復元しようという考えもおかしい、という三点の考えがでたと永原は整理する。一九七〇年代の委員会は、「古傷」という発想では判断せず、内容上の評価はひろく利用者に委ねるべきだという点から復刻に同意した。

永原は、ここから個人的な感想として、第一回復刻には、自分の研究分野にかかわる特集「日本荘園の研究」（一九三七年）や、石母田正「古代村落の二つの問題」（一九四一年）などの重要な研究があることを指摘するとともに、論文だけでなく、「当時の会活動の記録」や「問題意識」「発想」などの歴研の「全貌」がつかみやすくなったとする。当時、二〇代の若い研究者の「時代感覚」「テーマの豊かさ」「研究会活動の充実さ」には、「いわゆる官学アカデミズム」によって「固定」「窒息」されていた歴史研究に「自由」をとりもどすための「非常な迫力」があると評価する。

永原は最後に歴史学の根源的検討をめざす史学史の必要性を強調する。今日、重要なことは、研究史を、「戦前戦後をつうじての長い史学史のなかにおき、その姿勢・方法を、思想の次元にまでさかのぼって、より根源的に再検討すること」である。「日本の近代一〇〇年の歴史学の風土」と、「「学会」という研究主体の共同組織」が「研究の推進や方向づけ」にどのような役割を演じてきたのか、という問題は、「われわれの学問的前進」に欠かすことのできないことであり、今回の復刻で、「歴史学の根源的検討をめざした史学史研究がさかんになるとすれば、これほど大きな意義はない」と結ぶ。

永原の発言について二つコメントする。一つ目として、永原の言う「史学史研究」は狭い意味での学問史としてではなく、「時代感覚」や「問題意識」「発想」「テーマ」「姿勢・方法」などを含めた『歴研』の「全貌」を対象にすべきである。大学や研究室の外にある「研究主体の共同組織」として、歴史研究に「自由」をとりもどす「非常な迫力」と研究がどのように結びついてきたのか、そのことが問われるべきだろう。本解題の「はじめに」で述べた、歴史実践としての史学史がめざされるべきであり、本書に収録した証言もまた、歴史にかかわる諸行為の「全貌」を把握するための一環に位置づけることができるだろう。

二つ目は、第一回復刻をめぐる歴研委員会の認識についてである。「古傷」を見せたくいという認識で復刻を見送った一九六〇年代から、七〇年代に入ると、「古傷」も同時代史に位置づけて理解する認識に変化することで復刻に至っている。この変化の背後には、一九七〇年前後の時代状況や歴史認識がどのようにかかわっていたのか。永原の言葉を手がかりにすれば、「古傷」「戦争迎合」「無謬性」が気にかかる。「古傷」を隠そうとした一九六〇年代には、戦争責任という発想はなかったといっていいだろう。それに対して「古傷」という議論は克服し、「無謬性」という言葉が使われていた一九七〇年代の委員会は、どのような歴史意識をもっていたのか、検証が必要である。

②歴研に対する認識

多くの証言のなかで歴研に対する認識が語られている。そのひとつ、戦時期から戦後の歴研の中心的担い手のひとりである倉橋文雄は、戦前・戦時の歴研について、「研究室や大学の他に天地を求めた」、「意識して広く人を求めたし、心広き人がそれに応じてくれた」と語っている［倉橋］。倉橋の言葉の意味するところを四点にわたり指摘する。

第一に、それまでの歴史学界が大学の研究室に事務所をおき、教員、学生、卒業生などで構成される官学アカデミズムの様相を濃くもっていたのに対して、歴研は大学の外に世界をひろげ、会則に「科学的研究」を掲げることで、官学アカデミズムからの脱却をはかった。歴研の部会は、東京神田の学士会館を会場にした。平泉澄らが史学会への影響力を強めて以降の一九三八年、「まだ多くの学生は「神がかり歴史」には強い反発」を抱き、平泉らの皇国史観と異なる歴研に研究の場を求め、学生服で学士会館の部会に出席した［小西四郎］。

第二に、大学の外に世界を求めた歴研は、会長でも三〇代、会員の多くは大卒後の大学院生など二〇代の人たちが多かった。それに加えて、同じ大学でも異なる学科出身の人たち、他大学の人たちと交わることになり、官学アカデミズムからの脱却をいっそう促した。慶応大出身の高橋磌一は、歴研に入った一九三五年ごろには「大学の枠を越え」ていたといい［高橋1］、早稲田大出身の藤間生大は、一九三八年ごろに私大生も歴研で「積極的に活動」できるようになり、「歴研は一つのハードルをこえた」と評価している［藤間］。

第三に、以上の結果、歴研には「自由な人間関係」ができており、それが一番印象に残ると石原道博は述べる［石原］。歴研の「初心」とは、歴史の専門、大学、学歴を問わず、「つねに若いフレッシュなメンバーがあふれ、セクト的なボスなどつくらず、百家争鳴し、百花斉放する」ところにある。そこから石原は、この「片片たる歴研月報も、その執筆者とその内容からいって、かならずや貴重な史料となるであろう」と月報の証言を位置づける。岩間徹も同様の証言を書きとめており、「時代のさなかで」、歴研は「リベラルな人々の小さな砦」

であり、「自己の立場の絶対無謬をほこって特定の立場を他に押しつける風潮のなかった」ところに歴研の精神を認める。証言のなかで、林健太郎は、当時の私は、史学雑誌より歴研の方が「我々の」雑誌だと指摘する［林］。林の「我々」は「自由な人間関係」や「特定の立場を他に押しつける風潮のなかった」という証言と合わせて理解すべきだろう。

第四は、倉橋が「心広き人がそれに応じてくれた」と述べていることである。二〇代が担い、三〇代が会長などをつとめた歴研の周囲には、直接にかかわることは少なくとも、多くの人が歴研を意識し、支持していたことがわかる。証言のなかの家永三郎や今堀誠二、幼方直吉、古島敏雄、児玉幸多、塩田庄兵衛らをあげることができるし、倉橋は、西洋史部会例会で報告をしてもらった中島健一、荒正人、湯川和夫、豊田四郎らや、大会講演を頼んだ尾佐竹猛、出石誠彦、務台理作らの名前をあげている［倉橋］。これらの講師の人選について、倉橋は、歴研の「学際感覚」を指摘するとともに、「当時の世情、学界に対する批判精神をも読取ることもできよう」と述べる。

③歴研の活動と編集

歴研の活動をめぐって多くの人が証言するのは部会についてである。日本史、東洋史、西洋史の各部会をはじめ、東洋古代中世部会、東洋近世部会などの各部会内の時代別部会、満州史部会、現代史部会、維新分科会、歴史地理分科会、庄園制度研究会、特別部会があり、京都支部会もできた。歴研は、会の活動を停止する前年である一九四三年一二月まで部会を継続しており、『歴研』には毎号のように部会の報告が掲載された。『半世紀』には、戦前・戦時の部会の活動記録が掲載されており（報告者、報告タイトル、出席者）、部会活動の概要を知ることができる。

歴研の活動の一環として、編集に関する証言も多い。特集である「満州史研究」や「日本荘園の研究」に言及したものがあり、最初の発行所である四海書房についてふれた証言も多い。歴研創刊のころからの会員であり、四海書房の「小僧」だったという山本三郎は、第一巻全六冊の編集について証言しており貴重である［山本］。第一巻は斬新な表紙とグラビアが目につく。編集委員会は、東京大塚の四海書房（書房主である四海民蔵の自宅）で開かれた。山本によれば、表紙は編集委員の遠藤元男の弟に頼み、グラビアは、小林元や杉本勲など若い編集委員が担当して山本が割付け、編集委員はペンネームで『史学雑誌』や『史潮』などの雑誌批評も担当した。四海民蔵の息子で、編集委員会を間近で見ていた四海静も証言を寄せており、「編集委員と四海書房のあいだには、「何ともいえない親しみ」があったと述べる［四海］。

戦前・戦時の『歴研』では、多くの人がペンネームで執筆していた。歴研の初期や戦時色が濃くなるころには本名を隠すことがあったが、ペンネームは若い会員が自由で闊達な批評をおこなうための方法でもあった。林健太郎は歴研を面白くする「いたずら心」からペンネームを使ったと証言している［林］。「復刻版一一」（一九七五年九月）の月報には、「ペンネームの復元について」として、その時点で集約できたペンネームと本名の対照一覧が掲載されている。

部会の開催や編集、財政など、歴研の活動と編集を支えた日々の情景について、金澤誠が証言している［金澤］。戦時下の岩波書店発行の時期には、岩波書店からリヤカーで会誌を運び、封筒詰め、宛名書き、入金状態の確認と督促状書きを分担した日々についてである。金澤は、旧幹事のあいだに今でもなお何か「心の絆」があるとしたら、互いに黙ってとりくんだ「些細な協業が芯」になっているのではないかと述べ、「もし史論ずくめで言論と戯れてばかりいたら」、「私たちの関係も「別様」になっていたにちがいないとする。戦後の歴研についても、岩波からリヤカーで会誌を運び、発送の準備をして郵便局に届けることにふれた証言は少なくない（【永原慶二】【佐々木潤之介】【網野善彦】など）。神保町でリヤカーを引くシーンが印象に残っているのだろう。

戦時下の歴研の実務を振り返った金澤の証言は小さなことのようだが、しかし、その意味は決して小さくない。要するに戦前・戦時の歴研は、大学や研究室に頼らずに歴史学の部会を開き、論文や書評の編集、財政、実務などを、できうるかぎり自分たちの手で実践していたのであり、金澤はその実践の日々を素描しているのである。戦時下にあっても『歴研』を編集して作成し、発送する。それが部会や会誌を支えることがわかっていた。この活動から「自由な人間関係」や「心の絆」がうまれたのだろう。

金澤の証言には幼方直吉の証言を対置してみたい［幼方］。幼方は、論文とともに月報やニュースなどを収録した原型のまま復刻することに賛成だといい、なぜならば、「歴研は単なる学会の一つではなく運動体」だからだとした。そして幼方は、証言を書いている一九七〇年代初頭の現在、「論文はよまない場合でも書評・ニュース・月報はかならずよみ、教えられる所がきわめて多い」と記す。

歴研は「運動体」だという。そこでの「運動体」とは、後年に使われる「科学運動」に限られることではなく、歴史実践の総体を指す言葉だと思われる。大学や制度と結びつかなかった歴研の歴史学は、社会にはたらきかけて部会や会誌を成り立たせていたのであり、社会にはたらきかける歴史の諸行為は「運動」といいうるものであった。金澤の日々も運動のなかにあったのである。

④歴研の活動の画期

証言からは、一九三二年に誕生した歴研の活動の画期を読み取ることができる。誕生以降の歴研は、一九三七・三八年から四〇年ごろまでと、一九四〇年ごろから活動停止までに区分できる。

一九三七年、三八年から一九四〇年ごろまでとは、二・二六事件、日中戦争がおきてアジア太平洋戦争開始に至る時期である。この時期の歴研については、風間泰男が見通しのいい証言をしている〔風間〕。風間は一九三九年ごろの歴研について、「舞台の裏方」「表舞台」「時勢」の三つの局面で説明する。歴研の「舞台の裏方」では「なにかと問題が多かった」ものの、歴研の「表舞台」の部会や会誌の論文には、「学問がなお発刺と息吹いて」おり、「表舞台の学士会館の会場では、学問への情熱をたぎらせた気鋭の学徒たちの研究集会が、ときに熱っぽく、ともかくも続けられていた」という。ただし、「時勢」とのかかわりでは、「歴研じたいが時勢の大きな波に押し流されて、足もともしどろに行く道を見失いかけていたことは否めない」のであり、そのことは「編集後記などを見ても肯ける」。この年は「戦時色がにわかに濃厚さを加えて、いままであったものがなにもかも洗い流されていくかのようにみえた」。戦争の進行の波に大きく押し流されかかっていたが、部会や論文は活発にとりくまれていた、風間はこう証言するのである。

この時期の歴研の活動と研究の発展を指摘する証言は多い。二・二六事件によって「右旋回の大勢」になるものの、「むしろ歴研は活動を拡大」して会員数が五〇〇名をこえ、「個性豊かな人々」による「自由な研究の雰囲気」によって「一種の「仲間」意識」がうまれていた〔「小西四郎」、一九三七年前後の時期に、荘園史研究をはじめとした歴研の研究は、「若い研究者によって、大いに活気を呈した」〔遠藤元男〕、などである。先に高橋磌一や藤間生大の証言を紹介したように、歴研の活動が私大生を含めて大学の枠をこえたというのは、ちょうどこのころのことである。

家永三郎は、一九三八年ごろの『歴史学研究』と『史学雑誌』をくらべ、歴研は、「十五年戦争下の「暗い谷間の時代」」において、「歴史学研究者たちの良心の燈火を守りぬいてきた」。『歴研』は「私よりもさらに保守的と思われる人の論文をも載せる寛容な編集方針」をとり、敗戦の前年に発行停止の日を迎えるまで、「戦争非便乗の一線において幅広い統一戦線を堅持して玉砕」した、これが家永の証言である〔家永〕。この時期の歴研の活動にかかわって、金沢誠は、『四〇年』の座談会「戦中の「歴研」」（『半世紀』にも収録）のなかで、『哲学評論』は「最後まで同志で」やっていてつぶれたが、『歴研』は読者数や執筆者を増加させたと述べ、戦時期にも歴研が活動を続けることができた背景の一端を説明している（八）。

これに対して、アジア太平洋戦争開始前夜から開始後の一九四〇年代前半の歴研はどうだったのか。今掘誠司の証言を読んでみたい。今掘は、一九四〇年に津田左右吉の書物が発禁処分となり起訴される事件がおきたが、歴研からは支援の動きが起きなかったことを指摘したうえで、「ただ、少なくとも軍国主義に同調することを、心よしとしない研究者が、歴研に結集していたことは、事実」であるとした。今掘は、中国で入手しにくい資料をもとに作成した論文を歴研に投稿したが、最終的に掲載されなかったところに歴研の「限界」を認めるとともに、「こうしたレポートをまとめさせる気持ちを起こさせたことに、歴研の役割があった」ことも書き添えている。アジア太平洋戦争下にも歴研の活動がひろがりをみせていたという証言はほかにもあり、藤間生大は、一九四三年ごろの歴研では歴史研究以外の分野への関心をひろげたとして、丸山真男や戒能通孝との研究交流をあげている［藤間2］。

この点で、この時期の評価がもっともはっきりしているは遠山茂樹であろう。遠山は、一九四一・四二年のころは、会誌の内容、部会の活動からして、「戦前の歴研の最盛期」だと証言する［遠山］。発行所が岩波書店になって『歴研』はアカデミックになり、「在野的な批判精神」に欠けてきたという批判の声もあったが、「皇国史観の影響」を強めた『史学雑誌』に対して、「アカデミズムの最良なものを歴研こそがうけつぐのだという自負」をもっていたという。

⑤証言の読み方

日中戦争下においても、歴研の学問は、「なお発剌と息吹いて」おり、活動は「拡大」しているという証言、一九四一、四二年ごろが「戦前の歴研の最盛期」だとする証言、このような証言をどう読み、受けとめればいいのか。風間泰男のいう三つの局面での証言もふまえ、ここでは証言の読み方にかかわって三点指摘する。

第一は、同時代の状況に即して読むということである。同時代とは戦争が進行して出版統制が強まる時代のことであり、戦争の進行が歴研や歴史学にどのような影響を与えたのか、そのことを読み取ることである。

たとえば高橋磌一の証言である〔高橋2〕。一九四二年八月の応召後、「戦地ぐらしでいためつけられ」、一年後に傷病兵として帰還した高橋にとって、「ファシズムの速度はおどろくばかり」だったという。一年間不在であることで、おどろくべき「ファシズムの速度」を実感できた高橋にとってみれば、戦後の歴研大会で、戦中に「節操を貫かれたある大先輩」が、戦時中の『歴研』の編集後記の一部を厳しく論じる場面に接し、「もっともとは思うものの」、同じころ、帰還した自分にとって、「あまりに急迫した情勢」や「職員室の同僚がつぎつぎと特高に連れ去られる現実」、「見苦しくもわが身を屈していた自分の姿」を想起するにつけ、「当時の歴研を背負っていた諸君の苦労が痛いほどわかる」と証言する。戦争の進行が高橋を含めて何にどう作用したのかという観点で証言を読む必要があり、会誌の編集後記も同様だということになる。

今掘誠司は、先述の自分の投稿例などもあげながら、一九七〇年代の「読者」のなかには、一九四〇年代の『歴研』には、「何の変哲もない、平凡な論文と書評がならんでいるだけだと、思う人がいるかもしれない。しかし、その底では、人類解放の流れが、激しい底流として脈うって」いたことを知ってほしいと、読者に呼びかける〔今掘〕。

遠山茂樹の証言も同時代の状況を知るのに参考になる〔遠山〕。一九四一・四二年ごろが戦前歴研の「最盛期」と位置づけた遠山は、その文章につづけて、歴研の幹事の胸中には四二年末から不安がひろがっていたと述べる。遠山は、史料編纂所の帰りにほとんど毎日のように歴研の事務所に寄った。「心細く友人と会わずにいられなかった」のであり、用事はなくても事務所には必ず数人の幹事が集まっていた。神経質すぎるほど気を配り、「実証の外には一歩も出ない会の運営をしていたはず」なのだが、いつかは歴研もやられると思っており、一九四四年六月に歴研幹事長の鈴木俊が教育科学研究会に関連して検挙されると、「もうだめだというあきらめ」の気持ちをもった。戦時下の責任者の一人として、遠山には会活動停止を認めた自分の行動に納得できないものが残り、戦後の一九四五年一一月、松島栄一や高橋磌一とともに国史教育再検討座談会を開く努力をし、歴研活動再開に多少の努力を払ったのは、「あの時の気持ちの負い目」があったからだと言う。遠山は、このような証言を書くのは、「雑誌の活動から理解できにくい、背後の雰囲気を何とか語りたかった」からだと述べる。

証言の読み方の第二は、証言が語られている一九七〇年代とかかわらせて検証することである。残念ながら、第一回復刻の証言から直接この点を検証できる発言は少ない。そのなかで、幼方直吉が、「歴研の伝統を、一九七〇年代の具体的状況に即し、さらに発展させていただきたい」、「複雑な現代社会を反映しつつ、創立以来のすぐれた伝統としての少数意見尊重の作風を注意深く守ることを期待する」と述べているのは参考になる［幼方］。幼方の証言は、歴研の会誌や証言を、読者にとっての同時代である一九七〇年代とかかわらせて受けとめる必要性を提起しているからである。一九七〇年代とのかかわりで六八人の選定について検討すると、戦前・戦時の歴研関係者とその周辺にいた人びと、出版社（四海書房）が網羅されており、歴研の活動の委細を知ることができる。四海書房に加えて岩波書店についても証言を得ることができれば、なおよかったように思う。

証言の読み方の第三は、当時の『歴研』自体を読み、証言と重ねてみることである。ここでは、風間泰男や高橋磌一の証言に出てきた『歴研』の編集後記を読んでみたい。戦前の会誌には全号に編集後記が掲載されており、ほぼすべてに署名がある。戦争の進行にともない編集後記に変化があらわれる。その変化は先の歴研の活動の時期区分に照応し、二・二六事件・日中戦争以降と一九四〇年以降に画期がある。

二・二六事件と日中戦争以降、編集後期には時局への言及がみられるようになる。当初、批判的スタンスが明瞭だった編集後記は、徐々に批判・抵抗と妥協、迎合の境目が分かりにくくなるものが目につくようになる。そのなかでも、時局にまったくふれずに落ち着いた文体で会誌の内容や研究成果を披歴する編集後記や、他方で文体や主張が熱を帯びる編集後記もでてくる。どちらの編集後記にも戦争の進行に向き合う気配を感じる。

一九四〇年代の編集後期には戦争の影響がいっそうあらわれる。目立つようになるのは、冒頭に時局の状況を記し、翻って歴史学の役割は、と歴史学や歴研のあり方に及ぶ後記である。時局の趨勢、おどろくべき「ファシズムの速度」（高橋磌一）にしだいに圧倒され、時局に近づく文章や時局に役立つ歴史学の必要性を説く文章がみられるようになる。よりストレートに時局を支持する文章がみられる一方で、時局に対して矜持を保とうとする文章もあり、この時期にあっても時局にふれずに冷静な文体で歴研の活動のみを報告する後記などもみられる。

編集後記を通読するなかで、歴研の活動が本当に厳しくなってきた一九四四年三月（一一九号）の編集後記は強く印象に残った。そこでは「歴研精神」のあり方をふまえ、時局に言及したうえで、「若しこのことによつて吾々自身が自らを卑しくし、歴史学が政治に役立ち得るほど生産的であるといふ矜持を喪ひ、政治が歴史学を必要とするほど多面的であることを過去の歴史のなかから証明しようとする意欲を委縮させて歴史学の独立性と権威を外部からだけ認めて貰はうとする自己卑下に陥るならば、吾々は歴研の伝統を棄てることにならう」とあり、ぎりぎりの言葉で矜持を保とうとしている。次号（一二〇号）の編集後記では、この編集後記にふれ、「ともすれば浮足立ち勝ちな私にとつてありがたき戒めであつた」と述べている。

このような編集後記を含めて戦時下の本誌のいっそうの検証が必要であろう。『総目録・索引』の「解題」は、編集後記や巻頭言の「微細な変化を中心に誌面を克明に検証するなから、歴研・歴史学と戦争責任の問題も議論」する必要性を提起し、本誌はそのような検証が可能な「数少ない戦時下のメディア」だとする。(九) 同感である。署名入りの編集後記を同時代の文脈に即して丁寧に検証するとともに、それを証言とつきあわせ、さらに私たちが現在の状況に即してどのように読むかという二重三重の読解が必要である。復刻版と『総目録・索引』、それに今回の証言は、その検証のためのまたとない資料である。

二　戦後の三六人の証言を読む　❶―活動の画期

戦後版の復刻は、一九八六年一一月から一九八八年四月まで刊行された。復刻版の月報に収録された三六人の証言を読むための要点を先に示しておけば、再建をめぐる二つの道、活動の画期①——戦後歴研の「黄金時代」、活動の画期②——「沈滞」の一九五〇年代、「戦後歴史学」への道をめぐって、証言の読み方の五点になる。

①再建をめぐる二つの道

戦後の歴研をめぐっては、先の遠山茂樹の証言にあったように［遠山］、再建に先立ち、一九四五年一一月・一二月に、日本史部会の主催として国史教育再検討座談会が二回開かれた。四六年一月には、総合部会として、講演会「各国君主制の歴史」が開催され、五〇名が集まった会場で終了後、羽仁五郎らの動議によって再建大会に切りかえられ、綱領原則の採択、委員会制の採用、会長に津田左右吉を推薦することとし、羽仁を委員長とする八名の委員が選ばれた。その後、津田は辞退し、再建大会については会員有志より手続きについて異議がだされたので、前幹事会があらためて総会を開催することになり、三月に総会を開いて暫定委員二二名が選ばれ、暫定委員のもとであらためて総会を開催することになった。六月九日、総会が開かれ、綱領決定、会則改正、委員選出をおこない、同じ月には『歴研』も岩波書店より復刊され、戦後歴研が再建された。

このプロセスには、歴研再建をめぐる二つの道があったと整理できる。一つは、四六年一月に講演会を再建大会に切りかえた羽仁五郎、井上清、鈴木正四の流れであり、もう一つは、国史教育再検討座談会を開き、手続きの異議をへて二回の総会の流れをかたちづくった倉橋文雄など前幹事会の幹事に遠山茂樹、松島栄一などを加えた人たちである。二つの流れをめぐって、前者の井上清の証言がある【井上】。この証言に先立ち、井上は一九八二年五月に証言をおこない、それが「再建期の歴研」（『半世紀』）としてまとめられている。二つの証言をあわせて井上の発言を整理しておきたい。

敗戦後、疎開先から上京した井上は、四五年一二月から一月にかけて歴研の再建に積極的に取り組む。そこには羽仁の考えがあり、当時、進められていた新しい民主主義科学者協会をつくる動きではなく、「今ある歴史団体の中で見込みのある」会を改組する道を探ることになった（「再建期の歴研」）。そこから、戦争に反対はしなかったが、戦争に積極的に協力せずに進歩的活動をしてきた歴研が選ばれ、戦後の条件のもとで、学閥にとらわれないだけでなく、人民と結びつく学会にかえるために再建大会が企図された。井上は、再建大会は「クーデター」（「再建期の歴研」）といわれても仕方ないと認めている。

その後、歴研の印章や名簿などを管理し、再建大会で委員にも選ばれていた倉橋が、戦争末期の歴研幹事の意見を代表して、再建大会は歴研規約を無視しているので無効だと言い出し、ここで二つの道が鮮明になる。井上は争えば最後は決裂に至ることになると判断し、歴研の「革新強化」【井上】が目的なので、旧規約にもとづく総会開催に同意した。野原四郎や戒能通孝らが調停役になり、二つの流れのどちらも排除せず、二回の総会をへて歴研が再建されることになった。

井上によれば、暫定委員会でもっとも議論になったのは綱領だとして、第二条で「歴史学と人民との結びつき」を提起した井上に対して、石母田正が「正しい」という言葉を入れることを主張し、最終的に「歴史学と人民との、正しいむすびつきのうちにのみ」に落ち着いた。人民主義を主張する井上と石母田のあいだに意見の相違があったことがわかる。

もう一方の再建の道については、遠山茂樹が、戦時下の会活動停止について、もう何ヵ月かぎりぎりまで持たせれば、戦後の再建にちがった影響を与えたかもしれないという思いをもったことを証言している［遠山］。詳細は不明なものの、遠山は戦後の再建のあり方に問題を感じていたのではないかと思われる。

再建をめぐる二つの流れをどのように理解して評価すればいいのか。今のところ、史料は限られているが、『半世紀』の座談会「戦後歴研の再建」や会誌、月報などの記録を丹念に読む必要があり、当時は、大学新聞や『日本読書新聞』などにも歴研をめぐる記事が掲載されたので、これらを探索する必要がある。

ここでは、後述の歴研活動が沈滞していた時期に書かれた「戦後の歴研の歩みについて」

を参照して論点を提示しておく(一〇)。荒井信一の文責による一九五七年の文章によれば、歴研再建をめぐる「二つのコースの対立」について、当時も現在（一九五七年）も掘り下げられていないので「はっきりしていない」が、再出発にあたり、「一方の側」には「いいかげんな形で出て行くのは許されない」という「非常な清潔主義」があったことはたしかだったと述べる(一一)。この議論をたどれば「戦争責任」に行き着くはずだが、そういう議論にはならなかった。当時、歴研の外では、石母田正が歴史家の戦時中の戦争責任について個人名をあげて問題にしており、歴研委員会でも鈴木正四が戦時中の編集後記を問題にしたりする動きがあったが、歴史家の戦争責任の問題は全体としてつきつめた議論にはならなかった。「この経験が歴研にとってあまりプラスにならなかった」ことは「残念」だったと書きとめられている。

二つのことを書きとめておく。一つに一九五七年というのは昭和史論争の最中である。昭和史論争では戦争責任は主要な論争点にならなかったものの、荒井信一は戦争責任論から昭和史論争の課題を提起した一人であり、歴研での文章執筆から三年後の一九六〇年に「危機意識と現代史(一二)」を執筆して、戦争責任の問題と当時の歴史研究の危機をめぐる問題を自らのこととして引き受けようとした。一九五七年の文章のなかに六〇年の荒井の論文に結実する問題関心が胚胎していることは十分に考えられるだろう(一三)。

もうひとつは、先に示した証言「再建期の歴研」のなかで、井上清は、「歴研の内部に戦争責任の追求の問題があるかというと、それは全然なかったですよ」と述べ、倉橋文雄や鈴木正四、野原四郎は戦争末期に捕まっているし、羽仁や自分（井上）は「立派に反戦闘争をやったかというとたいしたことないですからね」と話している。この証言をどのように考えればいいか。この解題執筆中に荒井信一にこのことを聞いたところ、戦争責任の問題が「全然なかった」ということはないと述べている。（一四）戦争責任の問題とのかかわりを含め、戦後歴研再建の二つの流れをどのように評価するのか、今後の検証が必要である。

②活動の画期[1]――戦後歴研の「黄金時代」

証言にもとづいて歴研第二期を時期区分すると、一九四六年から四八年、一九四九・五〇年、一九五一年からの五〇年代の三期になる。

人文社会科学の他団体の創立や再建が遅れるなかで、いち早く再建した歴研は注目を集めた。何よりも『歴研』は、「文字通りの廃墟の中で」「他の学会誌にさきがけて新しい装いのもとで復刊された」のであり、B5版、横一段組という「体裁もまったく革新的」だった【永原】。

歴研は一九四九年大会から統一テーマを組む。この年の大会は、井上清の提唱により「各社会構成における基本的矛盾について」をテーマに掲げた。この大会から戦後歴研の活動が発展したことについては、多くの証言がある。四九年大会は「大きな成功」であり、五〇年大会は「最盛期」【藤原彰】、一九四九・五〇年大会は「歴研の黄金時代」と後日回顧され、「歴史学界のみならず、社会科学諸分野にまで強い影響力をもった」【遠山茂樹】、歴研の学会活動が軌道にのるのは一九四九年大会から【永原】、などである。

藤原によれば、四九年大会は、「学界やジャーナリズムの注目」を浴び、歴研が「進歩的歴史学のリーダー役として大きく踏み出す転機」になった【藤原】。大会記録は『世界史の基本法則』と名付けられて岩波書店から別冊で刊行し、今では考えられないくらいの部数が売れた。なお、『世界史の基本法則』のタイトルは永原慶二によるものだった【永原】。太田秀通は、この別冊が「日本史学のうえで画期的な問題提起として、多くの若い歴史研究者たちから受けとめられた」と証言している【太田】。この大会は歴研の体制を整えるうえでも「画期的」であり、総会で規約を改正して会長制を廃して会員資格を拡充し、日本・東洋・西洋の三部会を廃止して、原始古代・封建・近代という三部会を発足させることを決めている【藤原】。

一九四九年から歴研の書記局に入った藤原は、一九五〇年の歴研について証言する。この年の歴研の活動を「最盛期」と評価する藤原によれば、折からの逆コース、朝鮮戦争、講和問題などの文字通り激動の時代状況に対して、歴研は「平和と自由について」くりかえし発言するなど、時代状況にも積極的にコミットした。この年の大会テーマは「国家権力の諸段階」

であり、これも「大きな注目」を集め、一〇月に刊行した大会報告は「大いに売れ」、日本読書新聞や図書新聞のベストテンに大会報告とこの年から刊行した『歴史学の成果と課題』が並んで入ったことさえあった【藤原】。

一九四九年から五三年まで四年間、歴研委員をつとめた太田秀通は、一九五〇年の歴研は、中華人民共和国成立、東欧の人民民主主義諸国の成立に象徴される「世界史の転換期」に揺れ動く日本の政治状況、学界状況のなかで歴史学研究を進める意義の省察を迫られたとして、「部会の中のテーマの追求のための討論も、実践的課題の中から認識課題を創造してゆく過程にふさわしく、真剣でもあり、激しくもあった」と証言する【太田】。

江口朴郎は、一九五〇年大会で「帝国主義の諸問題」の報告をおこなう。「近代主義」批判と言われることの多い報告について、江口は、講座派以来の発展段階論への批判を含意したものだったと証言している【江口】。江口によれば、羽仁五郎や大塚久雄は、問題を単なる発展段階からではなく下からとらえようとしており、この点では上原専録も同様であり、「観念化された客観的法則よりも人民の側からの主体的姿勢が現代史の立場から強調されはじめた」と、江口は大会を受けとめている。

江口は、『半世紀』に掲載された斉藤孝との対談「再建期の歴研と歴史学を語る」のなかでも、一九四九年と五〇年の大会にふれている。江口によれば、いわゆる「皇国史観」に対抗して「科学的研究」を掲げた戦前の歴研は、社会発展のプロセスを経済的発展に基礎をおいて考えてきた。『世界史の基本法則』として出版された四九年大会の報告は、戦前来の成果をマルクス主義的なものとしてはじめて整理した。それに対して、五〇年の「国家権力の諸段階」については、「政治の問題」が入ったところが重要であり、「政治」や「権力」の問題は、「経済的土台の反映として上部構造が存在するという認識を発展」させ、「歴史を運動としてみる」視点をうちだしたことになる。それにもう一つ、「国際的」な視点、世界史の視点を加える必要がある。これが江口の証言だった。

江口は、一九五〇年から六一年まで、一二年間の長きにわたって歴研の委員長をつとめた。この時期は、後述のように歴研の沈滞が指摘され、さらに「世界史の基本法則」への批判があらわれてくるのだが、その間にあって歴史で政治的契機と国際的契機を重視する江口が委員長をつとめていたことは、議論の多様性を確保するうえで、きわめて重要だった。この点はまたあとでふれよう。

一九五〇年ごろの歴研の活動の日々について藤原彰と太田秀通が証言している。当時、歴研は岩波書店の小売りの二階を事務所として借りていた。岩波書店から立ち退きを求められ、書記局の藤原が探した結果、神保町の交差点に近い神田日活館の裏にあった、木造モルタルの鯨井ビル二階を借りることになった【藤原】。太田は、委員としてその事務所に通った日々を振り返り、「木炭火鉢に手をかざしながら日本の進路を考え、歴研の進み方を議論するなどということが、どうしてできたのだろう」と自問し、「歴研を信頼しようとしていた」年輩の倉橋文雄が「何くれとなく議論を吹っかけてくれた」ことを例示して、集まった数人の委員で討論を「徹底」しておこなったことに当時の歴研の原動力の理由を見いだしている【太田】。

戦前の金沢誠の証言とは異なるが、太田の証言に永原慶二や佐々木潤之介、網野善彦のいう会誌をリヤカーで運んだことなどを加えてみれば、実務と討論が委員の日々だったことになり、金沢と太田の証言は大きく変わるものではないことがわかる。太田の発言から、大学や研究室に依拠しない、戦後歴研の歴史実践の一端が伝わってくるだろう。

③活動の画期[2]——「沈滞」の一九五〇年代

「最盛期」「黄金時代」にあった歴研は、一九五一年、五二年に大きな問題にぶつかる。歴史と政治をめぐる問題である。五一年の大会は「歴史における民族の問題」、五二年は「民族の文化について」をテーマにした。それまでの歴研の大会テーマと大きく異なるものであり、その背景には、朝鮮戦争の開始による東アジア情勢の緊迫化、占領軍によるレッドパージと日本共産党の事実上の非合法化、そのもとでの共産党の分裂があった。大会のテーマ設定と議論のなかに政治の問題が性急にもちこまれ、歴研では民族の評価をめぐって緊迫と対立、混乱が生じた。政治の問題はまた、一九五〇年ごろから盛り上がっていた国民的歴史学運動にも持ち込まれ、(二五)一九五二年ごろになると、早くも歴研の沈滞、歴研存立の危機が指摘されるようになった。

民族の問題の渦中にいた藤間生大は、歴研存立の危機は、委員会が対立を収集できなかったのではなく、「『見解の対立』が組織によって規制されたところに主な原因がある」と証言している【藤間】。政治的渦中にいた犬丸義一の証言があり【犬丸】、一九五一年に歴研の書記を解任された藤原彰の証言と【藤原】、それをめぐる網野善彦の証言がある【網野】。

民族のテーマについては朴慶植の証言を参照すべきである【朴】。朴は在日朝鮮人の歴史家林光徹とともに五一年大会に参加し、ヤマトタケルを日本民族の英雄とする藤間生大に対して、古代における「倭の南朝鮮支配」を認める考えだと批判したことを証言している。五二年大会にも参加した朴は、「『抑圧する民族』からの解放への実践的課題に迫る問題点は深く追求されなかった」と記す。朴の指摘は重要だったが、当時、歴研のなかで朴の藤間批判が受けとめられた気配はない。後述するように、朝鮮の植民地支配の問題は戦争責任の問題ともかかわり、歴研にとっては大きく残された課題になっていく。

歴史家と国民的歴史学運動のかかわりとしては、民科京都支部歴史部会の「祇園祭」や、東大教養部学生の歴史学研究会による「山城国一揆」の紙芝居が有名であるが、歴研でも五二年大会の三日目午後に、合唱（早大歴研）、紙芝居「山城物語」（新東歴研）、紙芝居「祇園祭」（民科京都支部歴史部会）、合唱（歴史家研コーラス団）、人形劇「あのさま」（人形座）などが上演されたことについて、土井正興の証言がある【土井】。歴史家コーラス団のなかには、藤間生大を最年長に、網野善彦、阪東宏の姿もあり、曲目には、万葉の「大和は国のまほろば……」という古歌に曲をつけたものや、ロシア民謡の「泉に水くみにきて……」などがあり、当時の若い委員の「「国民的歴史学」への傾斜」を示すものだと土井は証言する。当日の「祇園祭」については松尾尊兊の証言があり【松尾】、歴研でも大会後に封建部会の若い一〇名前後の会員によって、備中国新見荘の紙芝居の製作に取り組んだことを福田榮次郎が証言している【福田】。

二つの大会後には、「一転して、沈滞の空気」が流れ、大会テーマの設定も積極性を欠き、討論も生産的でなく、参加者の失望を買ったと遠山茂樹は証言する【遠山】。部会活動が不活発になり、会員数・会誌数ともに減少し、会財政が悪化して、歴研存立の危機が叫ばれた。一九五〇年代には、歴研委員会に対する相反する批判があったと遠山は言う【遠山】。ひとつは、政治の問題の性急さゆえに、専門研究者を結集できないという批判であり、もうひとつは、逆に歴研アカデミズム化への批判だった。批判も大きく揺れた混迷の時期であった。

一九五四年から二年間委員をつとめた岡部広治も、歴研には「挫折感」がただよい、かつての「清新さ」は失われ、研究の「孤立分散」化が懸念されるようになっていたと証言する【岡部】。こうした批判のなかでも、委員会では沈滞を打ち破る地道な努力があったことが証言からわかる。岡部は、自分を含めて委員に高校教員が多かったので、「平易な叙述が重視」され、さらに新しく生起する現実の諸問題から歴史の問題意識の糧を得るために、「時評」欄の充実が意識的に追求されたという。同様に、東洋古代を専攻していた上原淳道も、歴研は、「現代（あるいは、現在）の問題を歴史学の問題と考える」、「平和の問題を同じく歴史学の問題と考える」団体であり【上原】、古代史でも「現代につながる歴史研究」の必要性が強調されていたとする【岡部】。

歴研存立の危機が叫ばれるもとでも、このような地道な努力が存在していたのは、一つの立場だけをとらず、統一と多様性を保とうとする志向が存在していたからだった。遠山茂樹は、五〇年代の歴研は、先述の相反する批判のあいだで「右往左往」していたが、「二者択一の方針をとらず」、市民の歴史サークルや歴史教育にも学ぶし、科学運動にも学ぶ姿勢を崩さなかった。このことは、一九八〇年代の「今日から考えても誤っていなかった」と証言する【遠山】。藤原彰も、「歴研は激しいやりとりはあったにせよ、ともかくも会としての統一を保ったのは、学者の会としての良識が存在していたからであろう」という【藤原】。

多様性を保つうえで大きな役割と学問的影響を与えたのは江口朴郎である。江口は、戦後再建の歴研が経験してきたものは、「全ての現実を多様な側面から見て、しかも、統一を保っていく」立場であり、歴研では羽仁（羽仁五郎）派や渡部（渡部義通）派などと言われることがあったが、「そのような事実がこの月報で想いおこされ自由な議論が行われること自体」、日本の人文科学系の学問世界で注目すべきことであり、一九八〇年代の今日まで、中国問題や靖国問題、元号問題、教科書問題などについて、一番問題なく取り上げうるのは「歴史の世界」であり、そこには戦前以来の歴研のあり方が存在していると述べる。委員会で議論がもつれると、江口は不得要領のような発言をして、なんとなくまとめてしまい、あとでよく考えてみると、とても重要なことが多かったと今井清一は証言する【今井】。「江口さんのお託宣」と呼ばれるものであり、斉藤孝の江口解説を含めていろいろ勉強できたと今井は言う。その今井は、近代史部会では井上清や鈴木正四が活発に発言していたが、自分には「すこし割り切りすぎている感じ」がして、国際的契機を重視する江口が帝国主義や民族のはたす多様な役割に着目するのに惹きつけられたと述べる。（一六）江口の影響を受けた点では野沢豊も同様であり、野沢は「江口さんの門下生の一人」と自認し、野沢の最初の論文「辛亥革命の階級構成」（『歴史学研究』第一五〇号、一九五一年三月）は、江口の問題提起をふまえて書いたつもりだと証言する【野沢】。

三　戦後の三六人の証言を読む❷—「戦後歴史学」への道と五〇年代検証の必要性

一九五〇年代末の歴研をめぐって、五七年から五八年まで歴研の書記局をつとめた古屋哲夫の証言がある【古屋】。古屋は、そのころにおこなわれた「個別実証主義」「研究の孤立分散化」をめぐる議論は、理論と実証の対立ではなく、「従来の理論がどれだけ、これからの実証をリードしてゆけるのか」という点に焦点があった。当時、「歴研の従来の理論」とみられていたのは、「世界史の基本法則」であり、その「法則」とは、「発展段階や階級闘争を軸とするもの」であり、「歴史の法則的理解が、歴史学の第一の課題」と考えられていた。そこでは、「歴史的事実の具体性を法則という枠のなかに、はめこめるように切りとることになっているのではないか」という疑問があった。歴研であらわれてきたこのような疑問は、高度成長が本格化する六〇年代に入ると、「法則」に代わって「歴史像」を歴研の問題意識の中核に押し上げ、「東アジア歴史像」の検討が提起されるようになる。その背景では、歴史全体を単一の「法則」で探求するよりも、「歴史の多様な発展を重視」する学問関心の変化が進行していた。

管見の限り、歴研の会誌や月報に「戦後歴史学」という言葉があらわれるのは、一九五七年の大会が「戦後歴史学の方法的反省」をテーマにしてからである。歴研創立から一〇年が過ぎた時点で、「戦後一〇年の歴史学を反省する大会」が構想され[一七]、一九五七年二月には、大会テーマの仮案「戦後歴史学の方法的反省」が提案、(一八)四月にこのテーマが正式に決められる。(一九)ただし、ここでいう「戦後歴史学」は「戦後一〇年の歴史学」と同義であり、特定の含意をもつもとして提起されていたわけではなく、大会の持ち方も各部会の独自性を優先し、そのうえで戦後の歴史学全般の問題を話し合うために一応つけられたテーマにすぎなかった。その際に「方法的反省」の必要性は認められていたことに留意しておきたい。戦後一〇年がすぎるなかで、「戦後一〇年の歴史学」を方法的に反省する必要性が認められ、そこから「戦後歴史学」という言葉が使われるようになったのである。

今までの史学史では、五〇年代の沈滞の背景に共産党の六全協や昭和史論争、スターリン批判などがあったことが指摘されることが多く、(二〇)六〇年安保が大きな契機になって歴史学は新たな局面を開いたとする見解も出されている。(二一)だが、証言を読んできた印象は従来の説明と異なり、五〇年代の沈滞にもかかわらず、五〇年代の歴史的評価がきわめて重要だと思われる。(二二)戦後歴史学への道（形成過程）とかかわらせて、五〇年代の位置づけについていくつか指摘しておく。

この点でまず、先の古屋哲夫の証言が重要である。一九五〇年代には、「歴研の従来の理論」（戦後の歴史学）に対して、「発展段階や階級闘争を軸」にした「歴史の法則的理解」の枠に歴史的事実を「はめこめるよう」な思考方法に対する疑問があったとする古屋の証言は、井上清の一九五九年の論文「戦後歴史学の反省と当面する課題――失敗から学ぶ一試案」[二三]と対置したときに、輪郭がよりはっきりとする。戸邊秀明が指摘するように[二四]、この井上論文は、おそらく、「戦後歴史学」に特定の意味をこめて使った最初の文章だと思われる。井上は、ここで「戦後歴史学」を「戦後の進歩的歴史学」と呼び、進歩的歴史学を事実上、マルクス主義歴史学に代表させ、戦後のマルクス主義歴史学の問題点を指摘するとともに、「人民の歴史学」の樹立を呼びかけた。この段階の井上の問題関心は、井上の一九五九年の歴研大会報告である「現代史の方法」[二五]によく示されている。井上は、報告で昭和史論争にふれ、亀井勝一郎の議論や、篠原一・松下圭一の政治過程論に批判を加えている。

大会報告の討論では、井上の方法に対して批判や疑問が集中した。古屋哲夫は、「政治現象が無方法に階級的基底に還元される」井上の方法を厳しく批判し、そのような方法では政治史固有の意味がなくなると指摘する。今井清一も、階級関係の本質と機能については、いくつかの媒介が必要であるとして二点指摘し、井上に疑問を呈した。一つは政治過程論の意義と限界についてであり、政治過程論の「調和論的帰結」に釘をさしつつも、大衆化状況が政治に与える影響を考える場合には学ぶものがあるとした。もうひとつは、一九五〇年歴研大会での江口朴郎報告であり、そこで出された、国際関係によって国内の階級闘争がいかに変貌を遂げるかという視点は階級関係を理解する媒介として重要だとした。

「歴研の従来の理論」に対して方法的反省を述べる古屋・今井に対して、一九五九年の井上は、階級闘争の法則の原則堅持に重心をおいて歴史学の方法を述べており、それを戦後歴史学の核心にすえていた。一九五〇年代の議論をへた時点で、古屋・今井と井上では問題関心が大きく異なっていたことがよくわかるだろう。一九六〇年代以降の戦後歴史学の受けとめ方にとって、井上の整理が影響を与えることになるのだが、しかし、一九五〇年代における歴史学の議論の帰結を井上で集約させてしまうと、五〇年代の混乱と錯誤はほとんど意味をもたないことになってしまうし、この帰結は証言と会誌などを読んできた印象とも大きく異なる。

証言などから浮かび上がるのは、戦後歴史学は一九五〇年代後半に形象化されること、戦後歴史学という名称で認識されたのは、古屋のいうように、「世界史の基本法則」であり、発展段階や階級闘争を軸とする歴史の法則的理解を歴史学の第一の課題とする認識方法だったこと、しかし戦後歴史学が形象化される過程は、たえずその内容の方法的反省をともなっていたのであり、戦後歴史学は方法的反省のなかで形象化されてきたとするのが五〇年代の正確な理解であること、したがって、五〇年代の方法的反省を抜きにして戦後歴史学を理解すると、きわめて静態的でステロタイプ化されたものになってしまうことである。

混乱と錯誤のなかでも摘出できる方法的反省を二つあげる。第一は、政治と国際関係を重視する江口朴郎の歴史理解である。この解題でたびたび言及してきたように、江口の政治の位置づけは、経済的土台の反映として上部構造が存在するという認識を発展させるものであり、基底還元的理解ではなく、歴史の動態的な理解に道をひらくものだった。また、国際関係が国内の階級関係に影響を与えるという視点も階級闘争の理解に重要な視点を提供するものだった。あるいはまた江口の議論は、世界史を法則のなかにすぐ位置づけるのではなく、大塚久雄の比較史的な議論とは異なる世界史の重要性を提起したと位置づけることができる。戦後の歴史学への世界史の導入役として、江口や上原専録を位置づける必要がある。一九五〇年代に江口が歴研の委員長を長きにわたって続けていたことを含め、江口の議論は、戦後の歴史学にたえず方法的反省を迫るものだったのであり、江口のような方法的反省を含めて戦後歴史学を理解する必要がある。江口の議論は、一九六〇年代以降の「世界史認識」につながるものだった。

第二は荒井信一の一九五〇年代理解である。先に、戦後歴研再建の二つの道をめぐって、荒井の文責による一九五七年の文章を紹介した。荒井は最近、一九五〇年代の歴研の位置づけについて提言している。(二六)一九五〇年前後の歴研では、それまでの「歴史学のあり方や思考方法、文体、歴史家個人の姿勢」まで再検討しなくてはならない新しい課題が提起されていたが、「現実が提起した新しいチャレンジを主体的に受け止めるうえで混乱や重大な錯誤」

があった。その例として朝鮮史の問題をあげる。たとえば、先にも取り上げた、一九五一年大会の藤間生大報告に対する朴慶植の発言は、当時、「日本人研究者にどこまで自分の問題として受け取られたかは疑問」だとし、一九五三年に発刊された歴研別冊『朝鮮史の諸問題』は、巻頭に旗田巍が書いた以外の近現代史は、ほとんどが在日朝鮮人研究者の執筆だった。「日本の植民地支配に関する後遺」への意識は「希薄」だったのであり、そのことが錯誤と混乱のさらに底流に存在していたことになる。荒井は、現実が提起する問題、植民地支配の後遺の問題に焦点を合わせつつ、五〇年代は混乱と試行錯誤の連続であったが、「これらの錯誤や葛藤をすこしずつ克服する過程で戦後歴史学が形成された」とし、その克服の努力を通じて、「一九六〇年代に一定の成果」があらわれたと述べている。

荒井がいう戦後歴史学とこの解題で整理した戦後歴史学は異なるが、ここでそれは主要な問題ではない。重要なのは、荒井が、五〇年代の混乱と錯誤を克服する努力があったことについて留意していることであり、それが六〇年代以降の歴史学の重要な礎になったと理解していることである。荒井が克服の努力を傾けたのは「戦争責任」についてであり、歴史学における戦争責任の問題は、六〇年代以降の長い時間をかけて取り組まれていくことになる。

五〇年代の江口の足跡にくらべて、戦争責任をめぐる荒井の足跡や戦争責任をめぐる議論はそれほど見えやすいものではないが、議論の底流に存在していたことはまちがいない。江口の世界史理解や荒井の戦争責任論は、いずれも戦後歴史学の方法的反省として提起されたのであり、それを含めて戦後歴史学を理解しないと、一九五〇年代の歴史学の理解はきわめて平板になり、史学史も単線的になる。五〇年台歴史学の理解が平板なところからは、次の二つの見方が導かれることになる。

一つは、法則認識の原則を戦後歴史学のコアと位置づけ、擁護あるいは批判をおこなうものである。擁護であれ批判であれ、この見方からは、ステロタイプ化された史学史理解が導かれることになる。もうひとつは、一九五〇年代の歴史学をめぐる混乱と錯誤の現実に目を奪われ、五〇年代の歴史学の営為に含まれた意義と限界を摘出することができずに、六〇年安保に飛躍する史学史的理解である。二つの見方ともに五〇年代の理解が試金石であることがよくわかるだろう。

五〇年代の歴史学をめぐる理解は決して容易ではない。沈滞、混乱、錯誤があり、政治と学問をめぐる問題があり、さらに荒井のいうような、日本の植民地支配とその後遺に対する意識が希薄であり、それらが混乱や錯誤のさらに底流にあったからである。これらの問題の相互の関係を丁寧に解きほぐし、その歴史的意味を五〇年代の同時代史に即して検証し、さらに現時点からも検証するような歴史の遠近法が必要である。五〇年代の同時代史的検証は、歴史実践の総体を相手にしなくてはならないだろう。静態的に結論から演繹的に説明したり、混乱と錯誤の現象のみに目を奪われたりするのではなく、政治と国際関係を重視して歴史の動的な把握をめざそうとした努力や、昭和史論争と歴研の活動の接点に戦争責任論を把握しようとした営為を歴史的に位置づける必要がある。二者択一の方針をとらず、市民の歴史サークルや歴史教育にも学び、科学運動も学ぶ姿勢を崩さなかった活動を視野におさめ、高校の教員を委員に多く含み、時評と現代につながる歴史研究への関心を失わなかったことへの留意も必要だろう。五〇年代の歴研の実践を総体として検証し、これらのなかに含まれたかすかな可能性と困難、表層と底流、多様性への視野などを動態的に読み解く努力が求められる。五〇年代歴史学の検証の試みはすでに始まっている(二七)。五〇年代歴史学の検証は戦後歴史学の理解にかかわるものであり、さらに戦後史学史の再検討にとって欠かせないものである。今後の取り組みが必須である。

四　戦後の三六人の証言を読む❸―証言の読み方

最後に、第二回復刻の証言の読み方を三点指摘する。

一つ目は西嶋定生の証言で指摘されていることである【西嶋】。西嶋は第二回復刻にあたって、四〇年前に書かれた論文の読み方に言及し、二点指摘する。（1）論稿を同時代の状況のなかで理解し、さらに、その後の学界状況および論文執筆者の研究状況への接続を理解する。（2）論文の結論のみでなく、「史料操作と論理的思考」による「論証過程」を重視する。論証過程では、問題関心、題目選定、学説史の位置づけ、史料収集とその批判、それによる問題分析、論文構想の体系化、執筆という段階をへているのであり、「各段階における作業内容の当否」が問われるべきであって、その結果としての結論の当否が判断されるべきであり、結論のみで当否が語られるべきではない。（1）と（2）をあわせれば、西嶋は同時代の文脈をふまえて論文の論証過程を検証すべきだと指摘していることになり、このことは、証言の読み方にもあてはまる指摘だということができる。

二つ目として証言が書かれた現在（一九八〇年代）への言及である。この点の言及は少ないが、たとえば、江口朴郎は、今後に「新しい発展の芽があるとすれば、歴研の若い部分」であり、それがなければ「歴史は前進しない」と証言する【江口】。江口は、証言のなかでくりかえし多様性の統一を保とうとしてきた歴研の役割にふれている。その問題関心の背後にある現状認識として、江口の言葉を受けとめることができよう。

もう一人、網野善彦の証言をあげよう【網野】。一九八〇年代の現代は、「人類社会にとって、それ自身の生存にも関わる、これまで経験したことのない重大な問題をつぎつぎに提起」している。最近の歴史学には「大きな変化」があらわれているが、それは現代の巨大な変化に対応しつつあるからであり、その点で網野自身は、戦後の歴史学が「第三期」に入ったとの立場に立つとする。歴研は、この時にあって、「現実とのきびしい緊張関係を保ちつつ、しかし本当に内実のある研究」を積極的・意識的に取り上げてほしいのであり、と同時に、「一見ごく些細で、現実離れしているかに見えるテーマ」であっても、かつての「個別分散化」の悪しき傾向として「誠実な実証的論文を拒否しないでほしい」。現代の課題に対応するために歴史学がすべきことは無限といっていいほどあり、一見「日常茶飯事」に見えることのなかに「天下国家」につながる重大な問題がひそんでいることはいくらでもあるからである。これは、網野が歴研委員だったころに得た「ささやかな教訓の一つ」だという。戦後歴研委員の経験と八〇年代の網野のあいだにある接点の一端がうかがえるだろう。

一九八〇年代とかかわって、証言をした三六人については、戦後歴研の関係者、戦前から戦後に関係した人、京都の日本史研究会から大会に上京した後藤靖、松尾尊兊が証言をしており、歴研の活動をひろがりをもって検証できる。前述のように、朴慶植が選ばれていることは、少なくとも一九八〇年代の段階では、一九五〇年代の歴研と在日朝鮮人の研究者のかかわりが重要な意味をもっていたことを歴研が認識していたといえる。すでに証言を聞くことができない人も多く、貴重である。一回目の証言に四海書房の関係者が含まれていたことからすれば、岩波書店、青木書店の関係者の証言があってもよかっただろう。

証言の読み方の三つ目として、二回の証言をつなぐ接点を探っておく。二回の証言の接点として、戦前・戦時に歴研の委員（幹事）をつとめた人が、どのような意識で戦後の歴研にかかわったのかという点があると思う。一九七〇・八〇年代にあって、戦争責任をどのように考えるのかにもつながる接点だが、残念ながら、この手がかりを得られるのは、前述の遠山茂樹の証言だけである。一九七〇年代の遠山は、戦時下の会活動停止について、何ヵ月かぎりぎり持たせれば、戦後の再建にちがった影響を与えたかもしれないと考えていたのであり、戦時下の活動と戦後の再建に何か心残りの問題を感じていたようである［遠山］。この点の詳細が不明で残念である。

おわりに

この解題では、二回の証言を読むための留意点を記してきた。歴研を丸ごと対象にして、歴史実践としての史学史に位置づけるための留意点である。戦前・戦時については、大学や研究室の外に出て学会をつくり、部会や編集を通じて社会に働きかけようとした歴研の実践の意味と位置づけ、戦争の進行とのかかわり、証言の読み方などについて指摘し、戦後については、再建をめぐる二つの道、一九四〇年代末の「黄金時代」から五〇年代の「沈滞」の時期への変化、戦後歴史学への道と一九五〇年代の歴研と歴史学の検証の必要性、二回目の証言の読み方などについて言及した。今後の検討課題は少なくないが、本解題を通して、歴史実践に歴研を位置づけ、歴史実践の視角から史学史を検証する必要性や、一九五〇年代の歴研と歴史学の検証の重要性を伝えることができれば、解題としての役割を果たせたのではないかと思う。

本冊子には、第一回復刻と第二回復刻の証言以外で、『歴研』の本誌および月報に掲載された歴研に関する証言リストが掲載されている。歴研の活動と歴史をめぐり、厖大な証言が記録されていることがわかるだろう。

このリストについて、少しだけ指摘すれば、リストは歴研と歴史学を検証する有力な基礎データであるとともに、証言は一九五〇年代と二〇〇〇年代以降に多い。一九五〇年代における証言の多さは、先に述べたように、歴研の一九五〇年代が混乱や重大な錯誤のうちにあり、それを克服する努力を傾注した時期だったとする本解題での位置づけに照応するものだといえよう。それに対して二〇〇〇年代以降の証言の多さは、歴研がまた試行錯誤とそれを克服する努力をしていることの証左なのかもしれない。証言はこの二つの時期以外にも遍くみられる。八〇周年を迎えた歴研は、誕生当初から自らの活動と歴史を振り返り、問題点をつきつめて今後の展望を描く作業をくりかえしてきたといっていいだろう。つねに現在（現代）とのかかわりで歴史的な課題を設定する努力をおこなうとともに、たえず問題点を克服する努力を忘れないようにする。歴研は歴史学に求められるのと同じ営為をくりかえしながら八〇周年をむかえることになった。

「はじめに」で述べたように、証言を読むためには何重もの同時代史的検証が必要である。検証のためには『歴研』以外の文献の収集も欠かせない。歴史学の研究の進展にとっては、個別のテーマの追究だけでなく、史学史の同時代史的検証が必要である。この解題が二回の証言を読む作業をサポートし、史学史への関心をひらくきっかけになればと思う。（一八）

【注】

（一）遠山茂樹『戦後の歴史学と歴史意識』岩波書店、一九六八年。
（二）荒井信一『世紀史を伝える』同時代社、一九九一年。
（三）一九九九年度の歴研大会は、その後、歴史学研究会編『戦後歴史学再考』（青木書店、二〇〇〇年）にまとめられ、日本史研究会大会の報告は、『日本史研究』（第四五一号、二〇〇〇年三月）に掲載されている。日本史研究会大会では、とくに小路田泰直「戦後歴史学を総括するために」（同前所収）が戦後の歴研を検討している。日本史研究会の一九九九年度大会については、大門正克の「シンポジウム「戦後歴史学の総括」を聞いて」（『日本史研究』第四五三号、二〇〇〇年五月）も参照されたい。
（四）戸邊秀明「社会運動史としての戦後歴史学研究のために」『日本史研究』第六〇〇号、二〇一一年八月。
（五）歴史学研究会編『歴史学研究　別冊　総目録・索引　一九三三→二〇〇六』青木書店、二〇〇七年、「解題」（戸邊秀明執筆）。「解題」は、誌面構成の面から『歴史学研究』を丸ごととらえようとしたものであり、誌面構成のなかに『歴史学研究』の歴史実践の意味を読み解こうとしている。
（六）保苅実『ラディカル・オーラル・ヒストリー』御茶の水書房、二〇〇四年。
（七）同時代史的検証を自覚して史学史に取り組んだ試みとして、大門正克編『昭和史論争を問う』（日本経済評論社、二〇〇六年）、大門正克「昭和史論争後の遠山茂樹」『歴史学研究』（第八九五号、二〇一二年八月）、参照〈本書収録〉。
（八）『四〇年』一四一〜一四二頁（『半世紀』一八五〜一八六頁）。
（九）「解題」六〜七頁。
（一〇）（文責荒井信一）「戦後の歴研の歩みについて」『歴史学研究』二一二号、一九五七年一〇月。
（一一）ここでいう「一方の側」とは、当初、再建を主導した羽仁五郎や井上清らのことである。
（一二）荒井信一「危機意識と現代史」『現代の発見6　戦後精神』春秋社、一九六〇年。荒井論文は、前掲、大門編『昭和史論争を問う』にも再録されている。
（一三）昭和史論争については、前掲、大門正克編『昭和史論争を問う』を参照されたい。荒井信一の戦争責任論については、大門正克「昭和史論争とは何だったのか」、戸邊秀明「昭和史が生まれる」（いずれも前掲書所収）を参照。
（一四）二〇一二年一〇月二五日聞き取り。
（一五）この間の経緯については、遠山前掲書（九一〜一三九頁）と、国民的歴史学運動について、前掲戸邊「社会運動史としての戦後歴史学研究のために」を参照。とくに戸邊論文は、近年の国民的歴史学運動に関する新たな研究をふまえて、国民的歴史学運動とその乗り越え方を一九五〇年代社会運動史に位置づけ、国民的歴史学の史学史的検討の再出発の輪郭を描いたものである。
（一六）今井清一は、ファシズムの多様な発現形態を構造的に定式化した丸山真男の「ファシズムの諸問題」と江口の帝国主義理解を手がかりに自分の研究方法を組み立てていったと述べている【今井】。
（一七）「来年度大会についての委員会の討論」『歴史学研究』第二〇二号、一九五六年一二月。

（一八）「大会テーマ仮案　戦後歴史学の方法的反省」『歴史学研究』第二〇四号、一九五七年二月。
（一九）「一九五七年度大会テーマ　戦後歴史学の方法的反省について」『歴史学研究』第二〇六号、一九五七年四月。
（二〇）「座談会（一）一九五〇～六〇年代前半を中心に」歴史学研究会編『戦後歴史学と歴研のあゆみ――創立60周年記念』青木書店、一九九三年。
（二一）同前における中村政則の発言など（八五～八七頁）。
（二二）前掲戸邊「社会運動史としての戦後歴史学研究のために」では、一九五〇年代の「歴史学の、多義的な〝躓き〟をどう捉えるかは、六〇年代以降に確立する戦後歴史学を史学史的に検証するための試金石」（二〇二頁）であると、五〇年代の重要性が指摘されている。同感である。
（二三）『歴史学研究』第二三〇号、一九五九年六月。
（二四）前掲戸邊「社会運動史としての戦後歴史学研究のために」二〇四頁。
（二五）『歴史学研究』第二三二号、一九五九年八月。
（二六）荒井信一「戦後歴研の出発」『歴史学研究』第八八一号、二〇一一年七月。
（二七）荒井信一の前掲書『世紀史を伝える』や前掲「戦後歴研の出発」、前掲大門正克編『昭和史論争を問う』、前掲戸邊「社会運動史としての戦後歴史学研究のために」など。
（二八）本解題作成にあたり、荒井信一氏と永原和子氏から話をうかがい、参考にさせていただいた。

【補注】
◎「解題　歴史学研究会の証言を読むために」歴史学研究会編『証言　戦後歴史学への道――歴史学研究会創立80周年記念』青木書店、二〇一二年、所収。
歴史学研究会は、創立八〇周年を迎える二〇一二年一二月に向けて記念の冊子をつくる計画を立てた。冊子は、最終的に二冊作成することになり、一冊は、二〇一二年一二月に開催する記念シンポジウムを中心にしたもので、二〇一三年五月に、歴史学研究会編『歴史学のアクチュアリティ』（東京大学出版会）として発刊した。もう一冊が、歴研に関する証言を集めたものであり、歴史学研究会編『証言　戦後歴史学への道―歴史学研究会創立80周年記念』（青木書店）として二〇一二年一二月に刊行した。後者にかかわって歴研は、以前に『歴史学研究』復刻版を刊行しており、その際に戦前・戦時と戦後の歴研に関する証言を数多く集め、復刻版に付した『月報』に掲載していた。読む機会が限られているそれらの証言を中心にして八〇周年記念誌を作成することになり、記念誌に証言の「解題」をおく必要がでてきたところから、当時、編集長であった私が解題を引き受けて執筆することになった。

「解題」の執筆期間は大変に限られており、私は急ぎ証言を読み、「解題」執筆の準備をしたが、「解題」の「はじめに」に書いたように、私は証言を狭い意味での学問史におしこめるのではなく、大学や研究室を飛び出て在野につくられた歴史学研究会が、部会や講演会、論文・書評などの編集を通じて社会にはたらきかけ、歴史とかかわる諸行為の総体に目をとめ、その観点から「解題」を執筆した。加えて証言をどのように読むのかということについても留意し、同時代史的検証と呼ぶ方法で証言を読み解くようにした。証言の同時代史的検証とは、証言で対象とした時代（たとえば戦時期の歴研）、証言が書かれた時期、その証言を読む私たちの現在といった三つの次元に留意して証言を検証することである。証言をめぐるこのような位置づけと検証のなかから、一九五〇年代に「戦後歴史学」が立ち現れる過程が明らかになり、あわせて一九五〇年代を検証する必要性を提起することができた。

なお、歴史学研究会編『証言　戦後歴史学への道―歴史学研究会創立80周年記念』に収録され、本解題でとりあげた証言の一覧を以下に掲げる。

【本解題でとりあげた証言一覧】

○戦前・戦中の証言

『歴史学研究　戦前期復刻版』（青木書店、一九七三～七七年）全二三巻に付されていた同『月報』全二三号に掲載された証言のうち、本解題で［　］としてとりあげた証言の一覧を掲げる。証言の末尾には、掲載されている『月報』の号数と発行年月を示した。

・家永三郎「一九三八年の『歴研』と私」（12号、75年8月）
・石原道博「「歴研」の並木路」（19号、76年10月）
・今堀誠二「回想の一九四〇年」（15号、76年2月）
・幼方直吉「歴研の古くそして新しい友へ」（17号、76年6月）
・遠藤元男「第9巻解題――「荘園特輯号」とそのころ」（9号、75年2月）
・風間泰男「一枚の葉書（一九三九年のころ）」（14号、75年12月）
・金澤　誠「大東亜戦争開幕の年――第17巻解題にかえて」（17号、76年6月）
・倉橋文雄「戦前期後半のあれこれ――第23巻解題にかえて」（23号、77年6月）
・小西四郎「第11巻解題――一九三八年のころ」（11号、75年6月）
・四海　静「歴研と四海書房」（13号、75年10月）
・高橋磌一「維新史分科会のことなど――第4巻解題にかえて」（4号、74年4月）
・高橋磌一「おわびとともに――戦前末期の歴研によせて」（21号、77年2月）［高橋2］
・遠間生大「歴史学研究会に入会した頃」（13号、75年10月）
・遠間生大「コミュニケーションを求めて――第22巻解題にかえて」（22号、77年4月）［遠間2］
・遠山茂樹「一九四二年のころ――第20巻解題にかえて」（20号、76年12月）
・永原慶二「復刻版について」（1号、73年10月）
・林健太郎「歴研思い出すまま」（11号、75年6月）
・山本三郎「創刊のころ」（3号、74年2月）

○戦後の証言

『歴史学研究　戦後第Ⅰ期復刻版　月報』（青木書店、一九七三～七七年）全一八巻に付されていた同『月報』全一八号に掲載された証言のうち、本解題で【　】としてとりあげた証言の一覧を掲げる。証言の末尾には、掲載されている『月報』の号数と発行年月を示した。
・網野善彦「歴研への期待」（16巻、88年2月）
・犬丸義一「歴研一会員の思い出」（9巻、87年7月）
・井上　清「歴研の「綱領」がつくられたころ」（2巻、86年12月）
・今井清一「ワンポイント・リリーフ始末記」（6巻、87年4月）
・上原淳道「忘れえぬ人とこと」（15巻、88年1月）
・江口朴郎「「十年委員長」の辯」（11巻、87年9月）
・太田秀通「再建歴研に身を置いて」（5巻、87年3月）
・岡部広治「「歴研アカデミズム」私考」（7巻、87年5月）
・佐々木潤之介「歴研書記局にいたころ」（8巻、87年6月）
・土井正興「クリーム色の表紙の思い出」（4巻、87年2月）
・遠山茂樹「私が委員であった頃」（1巻、86年11月）
・永原慶二「戦後再建の頃」（1巻、86年11月）
・西嶋定生「歴研復刻版をいかに読むか」（13巻、87年11月）
・野沢　豊「新米委員の戸惑い」（14巻、87年12月）
・朴　慶植「歴研と私」（9巻、87年7月）
・福田榮次郎「「幻の紙芝居」と「安良城旋風」」（15巻、88年1月）
・藤原　彰「書記局開設の前後」（4巻、87年2月）
・古屋哲夫「ひとつの転機――岩波書店から青木書店へ」（18巻、88年4月）
・松尾尊兊「歴研の周辺にいて」（12巻、87年10月）

7　昭和史論争と遠山茂樹——論争の課題をどのように受け継ごうとしたのか

はじめに

二〇〇六年に共同研究として、大門正克編『昭和史論争を問う——歴史を叙述することの可能性』（日本経済評論社）を刊行し、その本に収録した大門「昭和史論争とは何だったのか」のなかで、論争後の「遠山茂樹の応答」に言及した。そこでは遠山の応答を四つにまとめている。①東アジア像の提起、②明治維新史と歴史教育、③昭和史論争で提起された同時代史認識を継承（現在が提起する課題との関連で歴史研究の課題を反芻・更新する）、④歴史学の「広場」「共有財産」をつくること、の四つである。

ここで私が話したいことは右の③についてである。遠山は、昭和史論争で議論になった戦争体験（生活体験）と戦争責任の評価の問題を論争後も継承し、同時代の課題との関連でとらえ直すことに腐心した。昭和史論争の課題を同時代史認識との関連で考えつづけたのであり、私は、現在の問題とのかかわりで歴史研究の課題を反芻・更新しようとしたところに、もっとも遠山らしい歴史認識の方法があると判断している。今日はこの一点にしぼって報告する。

この報告課題は、史学史を同時代史のなかで検証する試みと言い換えることができる。先の共同研究のなかで、私たちは、「年表のなかに論争を位置づける」ことを課題とし、「論争関連事項」「歴史学・戦後思想の動向」「社会的事項」の三つの欄からなる詳細な「昭和史論争関連年表（一九四五〜二〇〇五年）」を掲載した。本報告では、この年表と同様に、「遠山茂樹」「歴史学・歴研の動向」「社会的事項」の三欄からなる年表を作成し、年表のなかに遠山茂樹を位置づける（二二七頁の年表参照）。

同時代史認識は翻って私たち一人ひとりの課題である。遠山は一九六〇〜七〇年代初頭の現在が提起する課題をどのように受けとめ、同時代史認識と昭和史論争の課題をどのように受け継ごうとしたのか、この点の検討を通じて報告の最後には現在の歴史学をめぐる状況について言及する。

一　二つの画期と遠山の同時代史認識

今日の報告では、遠山の「十七年史から学ぶもの」［一九六二］[一]と「立ち返るべき戦争責任」

〔一九七一〕、「日本近代史における沖縄の位置」〔一九七二〕をとりあげ、一九六〇年代前半と七〇年代初頭の遠山の同時代史的認識を検証する。[二]

①一九六〇年代前半――遠山「十七年史から学ぶもの」〔一九六二〕

（1）「十七年史から学ぶもの」の要点

「十七年史」とは、一九四五年から一七年ということであり、この文章が掲載された『世界』の特集「戦後十七年と日本の将来」に由来する。「十七年史から学ぶもの」の要点を三つ指摘する。

第一は、歴史的現在への問いと歴史の総体的認識の必要性を指摘していることである。遠山は、「一九六二年の現時点」を「戦争体験、戦後体験の歴史的認識」といかに関連づけるのかという課題にとりくみ、そのなかで、歴史の「連続と変化との両面」を「長期かつ全面」に見すえる必要性、すなわち歴史の総体的認識の必要性を指摘する。

第二は、「加害者としての戦争責任の自覚」が必要だとしたことである。遠山は、昭和史論争で提起された戦争責任の問題について、ここではじめて本格的に応えようとした。日本の平和運動の課題は、「戦争の加害者意識を欠落した被害者意識に出発」したことにあり、戦争史の認識を通して、「加害者としての戦争責任を自覚」する必要がある。アジア諸国民への戦争責任は、中国との講和実現、統一朝鮮との国交、憲法九条を守ることではたされる。第三は、朝鮮戦争期（一九四九―五四年）の生活体験の「歴史化」の必要性を提起したことである。戦争体験は被害者意識にまとまりやすいが、朝鮮戦争期の生活体験は「ばらばらとなる可能性が大きい」。朝鮮戦争特需後には、一時的に「消費革命」や「レジャーブーム」がおき、生活の「不均衡」と「偏差」が拡大した。「個々人の生活」「勤労者」「地域」「民族」による諸「利害」があらわれ、それらが「どう結びあい反発しあうのか」、「このことをつかむ理論と運動方針の欠如は、安保改訂反対闘争の時、痛感されたこと」だとする。「国民ひとりひとりの生活体験に即して」分析し、「めいめいのいのちがいとその変化との自覚を大切にし、それを現在にたいする歴史認識の出発点としたい」（傍点―引用者、以下、同断）。そのために、支配政策についても、「占領軍の強制」を強調し、憲法改悪などを進める「反動的政策」だけでなく、経済成長を強調する近代化論的な政策を含めた総体をつかむ必要がある。

（2）「十七年史から学ぶもの」の含意

三つの要点に示された「十七年史から学ぶもの」の含意を読みといてみたい。

この文章は、何よりも昭和史論争の課題を受け継いでいることである。アジアへの戦争責任を提起した荒井信一の課題[三]を継承し、さらに生活体験の歴史化を提起するところに課題の継承がよく示されている。ここでの歴史化とは、マルクス主義の演繹的適応ではなく、生活体験の「偏差」や「不均衡」を理解すること、いいかえれば、「めいめいのちがいとその変化との自覚」をとらえ、生活体験を規定する「消費革命」や支配政策を総体として把握し、「生活体験に即して」歴史の総体的認識を構築しようとすることである。ここには、三二テーゼを歴史に適応させようとした昭和史論争時の遠山、あるいは昭和史論争に先立つ遠山の「偶然性と必然性」（四）論を超える可能性の萌芽が示されていたのであり、民衆史（生活体験）の多角的検討の端緒が示されていたといっていいだろう。

　遠山はなぜこのような認識を示すに至ったのか。この文章の背景には、日韓会談と朝鮮人への蔑視意識追及（年表）、安保反対闘争の評価、近代化・経済成長が及ぼす影響の重視があった。後年の遠山は、安保反対闘争について次のように述懐している。

　「私の天皇制研究の視野のせまさをほんとうに気づきはじめたのは、五〇年代の末から六〇年代にかけて、私が勤評反対闘争や安保反対闘争で、多少なりとも大衆運動にかかわってからである。立ち上がるかに見えて立ちあがらぬ、立ちあがらぬとあきらめると、意外ともりあがる、民衆の意識と行動の不可思議さである。私の既成の知識ではとらえようもないことを痛感した。久野収・鶴見俊輔著『現代日本の思想』からも教えられた。被治者が天皇制に利用されつつ、また利用しているという点に眼を開かされた」

（遠山「私の歴史研究と天皇制」〔一九七四〕）

生活体験の歴史化は、「民衆の意識と行動」を解明するうえできわめて重要な課題＝方法だったはずであり、一九六二年の遠山は、同時代としての六〇年代前半を、日韓会談・六〇年安保後・経済成長下の時代ととらえてこの文章を書いたのである。

以上のように含意を読みといてみれば、遠山は一九六〇年代前半の現在の問題の歴史的意味を問うなかで、歴史的な課題を追究しようとしていたことがよくわかるだろう。遠山は戦後史の認識を同時代史認識として深めようとしたのである。

②一九七〇年代初頭――遠山「立ち返るべき戦争責任」〔一九七二〕と遠山「日本近代史における沖縄の位置」〔一九七二〕

ついで、一九七〇年代初頭に遠山が書いた二つの論文から当時の遠山の同時代史的認識を検証する。

（1）二つの論文の要点

遠山は、「立ち返るべき戦争責任」のなかで日本の支配者の政治意識を検討し、一九七一年現在の日本政府の日中関係への対応をふまえ、「日本の支配者の政治意識の構造」を、五〇年前後の占領期に即して考察する。なぜ五〇年前後なのか、遠山はこの時期が、「やむをえなかったという事情がもっとも強かった」のであり、その時期のなかに「立ち返るべき戦争責任」が含まれているのだとする。遠山のいう五〇年前後の「立ち返るべき戦争責任」とは、沖縄の問題、朝鮮人の民族教育、中華人民共和国成立の受けとめ方のことである。

一九七一年と一九七二年に書かれた二つの論文は、もともと一つの内容で構想されたものである。年表に示したように、歴史学研究会は、一九七一年に連続シンポジウム「沖縄」を三回開催する。一一月一七日——佐々木隆爾「日本軍国主義復活と沖縄」と陸井三郎「アメリカのアジア戦略の破綻と安保体制」、一一月二七日——遠山茂樹「近現代日本における沖縄の位置」と新里恵二「沖縄復帰闘争と歴史研究」、一二月四日——斎藤孝「沖縄と歴史学の方法的反省」と金城正篤「沖縄における戦後史と歴史研究」の報告があり、参加者は、それぞれ一四九名、一六〇名、七五名だった。遠山の二論文は、このときの「近現代日本における沖縄の位置」を分割したものである。(五)

遠山のもう一つの論文「日本近代史における沖縄の位置」は、「沖縄をとりあげることで、新しく何が見えてくるのか」、沖縄の視角は、「日本人の歴史研究」にどう「不可欠」なのかと問い、琉球処分にあらわれた明治国家の性格、沖縄の〝本土化〟の実体解明（徴兵令、地租改正、選挙法、府県制）を通じて、日本帝国主義形成の特質がみえてくるのではないかと指摘する。

（2）二つの論文の含意

二つの論文の含意を読みといてみよう。

ここにも昭和史論争の課題が受け継がれている。アジアへの戦争責任とかかわり、遠山は「戦争体験を綴る運動」に注目する。二つの論文執筆と同時期におこなわれたシンポジウムのなかで、遠山は、五三年から五六年ごろにかけて、朝鮮戦争が第三次世界大戦に拡大することへの危惧がひろがり、平和運動、原水爆禁止運動に呼応して母親・教師を中心にした「戦争体験を綴る運動」が広範におきたことに注目する。[六] その後、これらの運動は下火になったものの、七〇年代に入ると再興し、「空襲体験を綴る運動」と「沖縄戦を綴る運動」といった新しい「戦争体験を綴る運動」がおきる。七〇年に「東京空襲を記録する会」ができて庶民の戦災史を綴る運動が各地にひろがった。その背景には、巨大な都市変動によって空襲体験が消滅することへの危機感があり、さらにベトナム戦争での空襲激化が太平洋戦争の空襲体験をよみがえらせたとする。七一年九月、琉球政府編『沖縄県史9　沖縄戦記録1』が刊行された。この本について、先のシンポジウムの記録では、「県民が、沖縄復帰を目前にする時点で、はじめて戦争体験を口にし、文章にしたことに、沖縄の歴史、太平洋戦争における沖縄の位置への県民の苦悩にみちた回想が表明されている」と注記され(七)、遠山は、「沖縄戦を綴る運動」のなかに「日本帝国主義への批判」の文脈を読みとる(八)。遠山は、「立ち返るべき戦争責任」を七〇年代初頭の「戦争体験を綴る運動」との関連で考えているのである。

年表にみるように、七〇年前後の歴史学界は、先の「沖縄」シンポジウムのように、現実が提起する歴史的課題として、明治百年記念式典反対、沖縄復帰、外国人学校法案、日中関係の問題に取り組もうとしていた。遠山はこのとき、くりかえし、「カンパニヤ」(キャンペーン)批判をおこなっている。これらへの取り組みに共通して「運動が一時のカンパニヤに終わる」のは、「情勢認識の点に問題がある」からであり、「現実から汲みあげた課題が具体的な研究として地道に積みあがらない」からである。遠山は、自らも報告に立った「沖縄」シンポジウムについて批判し、「報告も討論もにわか仕立て」であり、中心は、新里恵二、金城正篤の沖縄側からの報告であり、「本土の歴史研究者の報告は、必ずしも日常研究の成果に基づくものではなかった(九)」と指摘した。

遠山の二論文は、こうしたなかで、遠山なりに現実の問題から歴史的課題をくみ取るべく書かれたものだった。二論文に共通するのは、沖縄問題の現実から歴史的課題をくみとろうとする姿勢である。「日本近代史における沖縄の位置」では、アメリカのアジア支配の一環に組み込まれた沖縄の現実から、沖縄問題の根源を琉球処分にまで立ち戻って検討し、沖縄がかかえる歴史的問題を日本帝国主義形成の問題として理解しようとする。日本帝国主義──アメリカ帝国主義に組み込まれた沖縄という位置づけである。

さらに、「立ち返るべき戦争責任」では、一九五〇年前後に焦点を合わせて、本土ではなぜ沖縄を視野におさめることができなかったのかを追究した。五〇年前後に焦点を合わせたのは、歴史学研究会一九五一年大会における自分の報告への自己批判を含むからである。「歴史における民族の問題」をテーマにした五一年大会で、遠山は「日本のナショナリズム」について報告した。しかし、遠山はそこで沖縄を視野におさめることができなかった。七〇年代初頭の遠山は、七〇年代初頭の現在と近代史の課題（琉球処分）、現代史の課題（過去＝五〇年前後の自分の研究）の三地点を行きつ戻りつしながら認識を深めようとしたのであり、三地点を貫く焦点は帝国主義の理解だった。

「現実から汲みあげた課題」を「具体的な研究として地道」に積みあげるために、遠山は三つの地点を往還しようとした。一見すると複雑な作業のように見えるが、そうではない。「現実から汲みあげた課題」＝七〇年代初頭の現在と「具体的な研究」＝近代史の課題（琉球処分）、それに過去の自分の研究を重ね合わせ、自分の研究と歴史認識を反芻・更新しようとしたのである。昭和史論争で提起された同時代史認識を継承しつつ、現実が提起する問題とのかかわりで自分の歴史研究の課題をたえず反芻・更新しようとした遠山の姿をここに確認することができるだろう。

周知のように、六〇年代の遠山は東アジア像の提起を通じて自己の研究課題を発展させようとした。今回の報告の準備のなかで、遠山が東アジア史認識を日本の戦後史理解と関係づけようとしていた思考過程を見つけることができた。一九七〇年秋に開かれた戦後史のシンポジウムに参加した遠山は、「戦後史の時期区分」〔一九七二〕を報告している。当時発刊された、藤井松一・大江志乃夫『戦後日本の歴史』（青木書店、一九七〇年）と鈴木正四『戦後日本の史的分析』（青木書店、一九六九年）を検討した遠山は、新たに「東アジア史の観点」から戦後史の時期区分案を構想した。

遠山は、「国際的条件と国内的条件を統一する場として東アジアという視点」をすえる「持論」を発展させ、戦後史の時期区分に適用しようとした。「階級闘争の視点と、国際関係の視点」の「統一」による東アジア史の観点であり、時期区分の具体的画期としては、中華人民共和国成立、朝鮮戦争、改定安保条約批准問題、ベトナム戦争全面拡大を選び、「階級闘争の発展」の観点からは、六〇年代にとって沖縄の問題が大きな意味をもつと指摘した(一〇)。

以上の構想にもとづいて示された遠山の時期区分案を示す。

Ⅰ　一九四五年八月一五日～四九年一〇月　中華人民共和国の成立

Ⅱ　一九四九年一〇月～五三年七月　朝鮮休戦成立

Ⅲ　一九五三年七月〜六〇年六月　改定安保条約批准
Ⅳ　一九六〇年六月〜六五年二月　日韓基本条約調印
Ⅴ　一九六五年二月〜六八年一〇月　アメリカの北爆停止声明

これは、おそらく、東アジア史の観点からのはじめての日本戦後史理解だったのではないか。一九六〇年代から七〇年代初頭にかけての遠山の歴史認識の到達点として確認しておきたい。

二　一九六〇〜七〇年代初頭における史学史の同時代史的検証

一九六〇年代前半と一九七〇年代初頭の同時代において、遠山茂樹はどのようにして歴史研究の課題を設定しようとしたのかを追究してきた。今までの検証をまとめれば表のようになる。

当時の遠山の近現代史認識の焦点は、帝国主義、階級闘争、生活体験、近代化論、東アジアにあった。年表の「歴史学界・歴研の動向」をまじえ、遠山の歴史認識を当時の歴史学界の歴史認識とかかわらせてみると、次の二つの論点を指摘できる。

一つ目は近代化論の受けとめ方である。よく知られているように、安丸良夫は、「日本の近代化についての帝国主義的歴史観」〔一九六二〕を発表している。今まで安丸のこの論文は、

《表》遠山の近現代史認識（1960～70年代）

時期	現在が提起する課題	振り返る時代	昭和史論争の課題
1960年代前半	日韓会談、60年安保後、近代化＝経済成長	朝鮮戦争期（1949～1954）	・同時代史認識 ・アジアへの戦争責任 ・生活体験の歴史化
1970年代初頭	沖縄問題、外国人学校法案、日中関係	1950年前後 琉球処分、日本帝国主義形成期	・同時代史認識 ・アジアへの戦争責任

近代化論＝経済成長に対してもっとも早くに根源的批判をしたものと位置づけられてきたが、今回、同じ一九六二年に発表された遠山の「十七年史から学ぶもの」の同時代史的検証を通じて、遠山もまた経済成長が及ぼす作用に注意を払っていたことがわかった。一九六〇年代前半は、六〇年安保後、経済成長という時代状況にあったのであり、この点で安丸と遠山の歴史認識には共通する面があったのである。

ただし、二人の歴史認識はその後分岐したように思われる。相違点は近代化論＝経済成長の受けとめ方であり、七〇年前後にも近代化論＝経済成長の及ぼす影響を重視した安丸に対して（安丸「反動イデオロギーの現段階」［一九六八］、同「戦後イデオロギー論」［一九七一］）、七〇年代初頭の二論文で検証したように、七〇年前後の遠山の歴史認識では近代化論＝経済成長の問題は重視されなくなっていた。安丸が近代化論を「帝国主義的歴史観」と呼んだように、この相違は帝国主義の理解にもかかわることだった。

二つ目は、帝国主義、階級闘争、生活体験の関連の理解についてである。六二年の遠山は、同時代としての六〇年代前半を、日韓会談・六〇年安保後・経済成長下の時代ととらえ、生活体験の歴史化を重要な課題として提起した。六〇年代の遠山が、東アジア像と帝国主義の問題を軸に日本近現代史をとらえ直そうとしたことをふまえれば、当時の遠山の帝国主義理解は生活体験の歴史化と結びつく可能性があったといっていい。

先述のように、「十七年史から学ぶもの」で遠山は、安保改定反対闘争のとき、人びとのあいだの諸「利害」が「どう結びあい反発しあうのか」、そのことの「理論と運動方針の欠如」を痛感したといい、人びとの生活体験の「ちがいとその変化との自覚」を現在の「歴史認識の出発点にしたい」と述べていた。六〇年代の遠山には、階級闘争との関連のみならず、生活体験を含めた帝国主義理解を構想する可能性があったように思われる。同時代には、松沢弘陽「日本における民主主義問題」〔一九六四〕のように、国際冷戦が国内の政治・運動・民衆に与えた影響について考察した研究も発表されていたし、安丸良夫〔一九七四〕や中村政則〔一九六八・一九七一・一九七六〕は、一九六〇年代から七〇年代にかけて、それぞれの民衆史を提起していた。

だが、七〇年前後の遠山の帝国主義理解には、生活体験の歴史化との接点を探る視点は見られなくなっていった。生活体験の歴史化を加えた帝国主義理解は、遠山のなかで未発の課題になったように思われる。一九七三年には、板垣雄三が帝国主義と地域の関係をn地域論とする構想を報告している［一九七三］。二一世紀冒頭の現在から振り返れば、遠山や板垣らが格闘した帝国主義論のなかに地域や民衆について考える重要なヒント（あるいは困難）が含まれている。遠山に即していえば、一九六〇～七〇年代の歴史研究、同時代の思潮との関連で遠山の仕事を位置づける作業がいっそう必要ということになる。(二二)

おわりに

今日の報告で私は、昭和史論争後の遠山茂樹が論争の課題をどのように受け継ごうとしたのかを課題にするとともに、その作業を史学史の同時代史的検証としておこなうことをめざした。史学史の同時代史的検証とは、歴史研究者の思想と行動、時代、歴史研究、同時代の思潮との相互関連を追究することであり、歴史研究者の作品を同時代の文脈のなかで理解することである。史学史の作業にあたっては、このような同時代史的検証が欠かせないと考えている。

報告で追究してきた同時代史認識をめぐり、最後に三つの場面を提示しておく。一つ目は、同時代の問題との関連で歴史研究の課題を反芻・更新する歴史家、遠山茂樹の姿であり、遠山は、昭和史論争の課題を引き受けるなかで、反芻・更新の自覚をいっそう強めていった。

二つ目は一九七〇年代前半であり、私と遠山茂樹のかかわりである。大学一年生の七三年五月、私は神奈川県鶴見の小さな公会堂で開かれた小選挙区制反対の集会ではじめて遠山の話を聞いた。それ以来、遠山が『世界』や『展望』などに書いていた文章を探し、好んで読むようになった。報告でとりあげた「十七年史から学ぶもの」も当時読んだものであり、購入した雑誌『世界』と当時の日記に読後の痕跡が残る。七四年一月一日の私の日記には、遠山「十七年史から学ぶもの」を読むとあり、「歴史の正と負を見わける理性的な判断が必要」、「連続と変化との両面を総体に認識すること」といった遠山の文章を引用して、「歴史を学び研究する一歴史学者としての遠山さんの全体像」から「多くのものを教えられる」と書きとめている。だが、雑誌『世界』の「十七年史から学ぶもの」に私が引いた傍線を確認すると、当時の私は遠山の趣旨をきちんと読みとれていたわけではなかったことに気づく。大学一年生だったとはいえ、私もまた七〇年代初頭の同時代にいたのであり、今日の報告での遠山へのコメントは人ごとではなく、当時の私を含めた同時代史的検証が必要だと思っている。

最後の三つ目は、二〇一〇年代の現在と私たち一人ひとりの歴史認識についてである。私たちは、グローバル化・新自由主義が進行し、新しい中東革命がはじまった、3・11東日本大震災後の現在を生きている。歴史学は、今を生きる人間が過去を問うものである。この歴史学的な営為は、いつの時代にも変わらないものであり、もしそうであるとすれば、今を生きる歴史研究者は、現在という時代の歴史的意味について反芻・更新し、歴史研究の課題についてえつづけることをたえず求められている。そのとき、同時代の問題との関連で歴史研究の課題をたえず反芻・更新した遠山茂樹の試行錯誤と苦闘は、奥深いところで私たちを叱咤し、励ますものだと受けとめている。

【注】

（一）本論文で〔一九六二〕のような記載の場合には、年表を参照されたい。

（二）以下、遠山〔一九六一・一九七一・一九七四〕の出典は、『遠山茂樹著作集』第六巻（岩波書店、一九九二年）、遠山〔一九七二〕の出典は、『遠山茂樹著作集』第四巻（岩波書店、一九九二年）によった。

（三）荒井信一「危機意識と現代史」（『現代の発見6　戦後精神』春秋社、一九六〇年）。

（四）遠山は、一九五二年に「歴史における偶然性について」（『思想』第三三二号）を書き、歴史の必然性と偶然性の関係を考察していた。遠山のこの視点と昭和史論争のかかわりについての評価は、前掲大門「昭和史論争とは何だったのか」を参照されたい。

（五）「日本近代史における沖縄の位置」の末尾には「附記」があり、そこでは、歴研のシンポジウム「沖縄」での遠山報告を、「日本近代史における沖縄の位置」と「立ち返るべき戦争責任」に分割したことが書かれている。

（六）以下、「戦争体験を綴る運動」については、『シンポジウム日本歴史23　現代と歴史学』（学生社、一九七三年）七二～七三頁（遠山発言）、二一八頁（注記）を参照。本シンポジウムは、一九七一年一〇月一七日におこなわれたものの記録である。

（七）同前書、二一八頁。

（八）同前書、七二頁。

（九）同前書、一四〇～一四二頁、二一三頁。なお、「沖縄」シンポジウムについては、歴史学研究会委員会も、学生主体か研究者主体か、他団体との連携不足、歴研部会の参加者が「極めて少なかった」ことを理由にして、シンポジウムの位置づけが不十分だったと総括している（「委員会総括」『歴史学研究月報』第一四五号、一九七二年一月）。

（一〇）『シンポジウム日本歴史22　戦後史』（学生社、一九七一年）一三、一七、二四頁。

（一一）本報告で検討した遠山「日本近代史における沖縄の位置」［一九七二］をめぐり、河西英通は、最近、沖縄史を重視した遠山は、逆に青森県を「たんなる地方史」におしこめてしまったと批判している（河西英通『「東北」を読む』無明舎出版、二〇一一年、二一二～二一三頁）。河西は遠山の［一九七二］の次の文章を引用している。

「沖縄史の研究は、研究者の姿勢が問いただされる歴史的課題である。課題そのもののなかに、問いただしを迫るものがある。その点では、問題の性格はそれぞれ異なるが、朝鮮史の問題、被差別部落史の問題と共通している。沖縄県の歴史は、青森県の歴史と同列ではない。たんなる地方史ではない。ということは、その課題を歴史考察の視点にすえることによって、新しい視野がひらかれる、つまり見えなかったものが見えてくるということ、その新しい視野がその研究者の歴史観の質にふかくかかわることだということである。言葉をかえれば、これまで沖縄史の研究を忘却あるいは軽視してきた本土の歴史研究者の歴史観の質が問いただされているのである」。

河西は、沖縄史の「忘却」と「軽視」に警鐘を鳴らした遠山は、返す刀で青森県の歴史、ひいては東北史を「忘却」と「軽視」の彼岸に追いやってしまったと批判する。遠山の論文の翌年には、帝国主義と地域の関係をn地域論とする板垣雄三の報告が発表され［一九七三］、しばらくのちに鹿野政直は、「「鳥島」は入っているか」［一九七七］を書きとめる。これらの地域認識を含め、遠山は東北のなかでもなぜ「青森県」をとりあげてこのような指摘をしたのか、遠山の東アジア、沖縄、青森県の地域認識をどのように位置づければいいのか、今回、この点の検討ははたせなかった。今後の課題としたい。

【補注】

◎「昭和史論争後の遠山茂樹――論争の課題をどのように受け継ごうとしたのか」『歴史学研究』第八九五号、二〇一二年八月、所収。

二〇一一年の遠山茂樹死去にともない、遠山の仕事を振り返るシンポジウム「遠山史学と歴史学の現在」が開催され、報告に立った（二〇一二年一月二一日、歴史科学協議会・歴史教育者協議会・歴史学研究会共催、於明治大学）。収録した文章は、報告内容を『歴史学研究』の特集「遠山茂樹と現代歴史学の課題」に掲載したものである。

遠山は、昭和史論争が提起した課題を同時代史的に継承しようとした。同時代史的に継承するとは、現在が提起する課題との関連で歴史研究の課題を反芻・更新することを指す。ここに歴史家である遠山の特徴がもっともよく凝縮されている。報告では、昭和史論争後の遠山が論争の課題をどのように受け継ごうとしたのかを、一九六〇年代前半と七〇年代初頭の二つの時期の仕事をめぐり、同時代史的検証を試みた。同時代史的認識に腐心した遠山を同時代史的に検証しようとしたのがこの報告である。

《年表》年表のなかに遠山茂樹を位置づける

※文頭の数字は「月」または「月・日」

年	遠山茂樹	歴史学界・歴研の動向	社会的事項
1962	8 **「十七年史から学ぶもの」**『世界』 12 「朝鮮民族に対する蔑視感情の克服について」『国民文化』	9 **安丸良夫「日本の近代化についての帝国主義的歴史観」** 1・2（～62・11）『新しい歴史学のために』	1961年以降　日韓会談で国交回復方式、韓国側の請求権、在日韓国人の法的地位 10・22　キューバ危機
1963	1 「歴史叙述と歴史意識」『社会科教育大系3　歴史教育の課題』三一書房 4 「朝鮮に対する民族的偏見について」『歴史評論』		
1964		6 **松沢弘陽「日本における民主主義の問題」**『岩波講座現代12』岩波書店	
1965		2 特集「日本帝国主義下の朝鮮」『歴研』	6・22　日韓基本条約調印

年	遠山茂樹	歴史学界・歴研の動向	社会的事項
1966	11　幼方直吉・遠山茂樹・田中正俊編『歴史像再構成の課題——歴史学の方法とアジア』御茶の水書房	7　荒井信一「朝鮮人学校の問題に関するノート」『歴研』	
1967		3・30　歴研委員会「外国人学校制度」法案に反対する抗議・電報(政府関係機関へ) 4・1　歴研委員会「外国人学校制度」法案に反対する声明 5・27　歴研総会　外国人学校制度の創設に反対する声明 10　歴研委員会　朝鮮大学校認可を要請する電報を東京都私学審議会委員に送付 12　歴研委員会「朝鮮大学校の認可促進を要求する」	
1968		3　歴研委員会　朝鮮大学校認可問題についての声明	3　外国人学校法案、国会提出、不成立

	6 『戦後の歴史学と歴史意識』岩波書店	5・13 歴研委員会「外国人学校法案について」要望書を関係機関に提出 5 田港朝昭「沖縄における「明治百年」」『歴研』 5 山田昭次「『明治百年』と「外国人学校法案」」『歴研』 5 **安丸良夫「反動イデオロギーの現段階」**『歴史評論』 9 **中村政則「『日本近代化論』批判をめぐる問題点」**『日本史研究』	10 アメリカの北爆停止声明 10 明治百年記念式典挙行
1969		5 大会特集「帝国主義とわれわれの歴史学—国家と人民」『歴研』 6 鈴木正四『戦後日本の史的分析』青木書店 8・25 安保・沖縄問題四者（歴研・歴科協・歴教協・日史研）協議会の発足 12 小特集「第一次大戦後のアジア変革」『歴研』	

年	遠山茂樹	歴史学界・歴研の動向	社会的事項
1970		1　金城正篤「沖縄の歴史と歴史研究者」『歴研月報』 2　金城正篤・西里喜行「「沖縄歴史」研究の現状と問題点」『歴研』 4・4　70年安保廃棄・沖縄返還を要求する4月京都集会 4・5　70年安保廃棄・沖縄返還を要求する4月東京集会 5・23　歴研総会　インドシナにおけるアメリカの戦争拡大を糾弾し、安保廃棄沖縄の真の返還をめざし闘う決議 7　藤井松一・大江志乃夫『戦後日本の歴史』上、青木書店	
1971		3　**安丸良夫「戦後イデオロギー論」**『講座日本史8』東京大学出版会	

10　**「立ち返るべき戦争責任」**『世界』

5・29　歴研総会　決議「『沖縄返還協定』に反対し、沖縄の即時・無条件・全面返還を要求する決議」

6　『沖縄県史9　沖縄戦記録1』

6　**中村政則「現代民主主義と歴史学」**『講座日本史10』東京大学出版会

10　佐々木隆爾・新里恵二・遠山茂樹「〈討議〉日本ナショナリズムの現在――沖縄「返還」批判」『歴研』

10・15　歴研声明「反人民的『沖縄返還協定』に反対する」

11　藤井松一・大江志乃夫『戦後日本の歴史』下、青木書店

11・15　「沖縄協定」に反対し、沖縄の非軍事化を訴える歴史研究者・教育者の声明（家永三郎ほか12名のよびかけ。1538名の署名）

年	遠山茂樹	歴史学界・歴研の動向	社会的事項
1971	12 **「戦後史の時期区分」**『シンポジウム日本歴史22 戦後史』（荒井信一・犬丸義一・江口朴郎・高橋磌一・遠山茂樹・藤原彰）学生社	11・17 連続シンポジウム「沖縄」第1回 11・27 連続シンポジウム「沖縄」第2回 12・4 連続シンポジウム「沖縄」第3回 12・22 「沖縄協定」の「成立」の不承認を宣言し、沖縄の即時全面返還を要求する声明（家永三郎ほか12名）	
1972	3 **「日本近代史における沖縄の位置」**『歴研』	1 「特集「シンポジウム沖縄」」（「委員会総括」、菱刈隆永「日本史教育と沖縄」、内井恵子「シンポジウム「沖縄」に参加して」、植田恵子「「沖縄シンポ」参加記」）『歴研月報』 4 「沖縄をめぐる討論から――歴史学研究会主催 シンポジウム・沖縄」『歴研』 5・27 歴研総会　ベトナム・沖縄問題等に関する決議	5・15 沖縄、日本復帰 9・29 日中共同声明調印、国交正常化

1973	7	「共同研究と科学運動」『シンポジウム日本歴史23 現代と歴史学』（太田秀通・高橋磌一・田中正俊・遠山茂樹・深谷克己）学生社	11	**板垣雄三「民族と民主主義」**『歴史学研究別冊特集』		
1974	3	「私の歴史研究と天皇制」『現代と思想』	9	**安丸良夫『日本の近代化と民衆思想』**青木書店		
1975					4・30	ベトナム戦争終結
1976			7	**中村政則『日本の歴史29 労働者と農民』**小学館		
1977	5	「天皇制と日本近代」『日本史研究』	3	**鹿野政直「「鳥島」ははいっているか」**『岩波講座日本歴史月報』		

（出典）歴史学研究会編『半世紀のあゆみ』青木書店、一九九二年、同編『歴史学研究　総目録・索引』青木書店、二〇〇七年、『歴史学研究月報』、大門正克編『昭和史論争を問う』日本経済評論社、二〇〇六年。

あとがき

本書の「序」のなかで、勤務先の大学に向かうキャベツ畑を私が歩くシーンにふれている。私の好きな道である。上り坂を歩いて一五分。車がほとんど来ないこの道を、私はいつもあれこれと思案して歩いてきた。

二〇一〇年代に入ってからの私は、二〇一二年から二〇一五年まで、学会である歴史学研究会（歴研）の編集長をつとめ、月刊誌『歴史学研究』の編集や企画本の刊行などに取り組んだ。本書は、主に歴史学研究会にかかわって書いた文章を歴史批評集としてまとめたものである。

それに対して二〇一〇年代後半の私は、定年までの四年間、勤務先の大学で要職をつとめ、国立大学法人をめぐる諸問題に向き合う激務の日々を送らざるをえなかった。学問と大学が大きな危機にぶちあたるなかで、学問（歴史学）はどのようにすれば存立可能なのか、二〇一〇年代後半の私はキャベツ畑を歩きながら、容易に答のでない問いをかかえる日々がつづいた。

この本の発刊は、私の定年とちょうど重なった。定年を前にした私は、勤務先の大学での私自身を振り返り、歴史と歴史学への向き合い方や、学問と大学のあり方を考え、本書の編集や校正に取り組むことになった。ここでは、本書の編集のなかで考えてきたことを書きとめておきたい。

歴史批評集を出版するのはこれで二冊目である。一九九〇年代後半からの一〇年間に主に書いた歴史批評について、『歴史への問い／現在への問い』（校倉書房、二〇〇八年）として刊行した。一冊目の主題は新自由主義時代のなかの歴史学について考えることであった。

今回、二〇一〇年代に書いた文章を読み直してみると、私は、引き続き、新自由主義時代の歴史学のあり方を考え続けているが、そのなかで次の二つが印象に残った。それは、日々を生きることと歴史や歴史学の接点を切り離さないように留意していることであり、加えて、歴史家の根幹に位置する史料を読む、読解するということについても、日常世界を生きることとかかわらせて考えようとしていることである。

一九九〇年代以降、現在に至る歴史学は、新自由主義の時代状況と認識論の問いが重なるなかにある。歴史学にかかわる歴史家は、新自由主義をめぐる磁場のなかに巻き込まれ、史料の読解ではさまざまな留意が必要になっていた。こうした状況のもとで私は、歴史と歴史学にあらためて向き合うために、日々を生きることとのかかわりを考えようとしていた。本書には、このような思考の痕跡が各所に書きとめられている。本書のタイトルである『日常世界に足場をおく歴史学——新自由主義時代のなかで』は、「日常世界に足場をおきながら現実にかかわる道を探る」（「序」）模索を振り返るなかで導き出された。

それに対して二〇一〇年代後半になると、学問と大学をめぐる厳しい環境のなかで、学問（歴史学）の行く末を描くことができない日々を過ごすことになった。そのようななかで取り組んだ本書の編集は、定年を前にした区切りと重なったので、私は以下のように考えるに至った。

学問と大学はたしかにきわめて厳しい状況にある。とはいえ、勤務先での私の教育と研究を振り返ってみれば、私は、たとえば毎週のゼミナールなどで学生に歴史を教え、テキストの読み方や理解の仕方を討論し、地域の歴史調査に学生と出かけて地域の課題を一緒に考え、私自身も研究で大学と地域を往還してきた。こうした大学の現場における教育と研究の取り組みは、日々を生きることと歴史の接点を切り離さないように留意してきた、二〇一〇年代における私の歴史に対する向き合い方に通じるものだったのではないか、そこにはまだかすかな可能性が残されているのではないか、そのように思えた。

右のことは次のように言いかえることができるのではないか。人びとに即した場合、歴史学は、歴史のなかの人びとを社会的存在として考える学問である。歴史のなかの人びとは、社会的諸関係のなかで、あるいは自らの生き方を通じて、どのような社会的存在になったのか。歴史における人びとと社会のかかわりを考えることは、翻って、さまざまな媒介をへた先にいる私たちが歴史的存在であることを照らし出すことにつながるのではないか。

社会的効用をすぐに示せる学問のみが重用される傾向が強まる時代状況のもとで、人文社会科学の学問である歴史学は軽視される傾向にある。しかし、歴史と社会のかかわりを考える回路が断たれたわけではない。歴史と社会のかかわりからは、遠回りのように見えるとしても、必ずや歴史ならではの固有の説明をすることができる。歴史固有の説明とは、今を生きる私たちの歴史的輪郭を映し出すことである。映し出された歴史的輪郭のなかで、私たちの歴史的存在を理解する。歴史を通じて足場を理解するとは、このようなことなのだと思う。歴史学の固有の意味を明瞭に説明する必要性と可能性を再確認できたこと、これが大学をめぐる厳しい環境に直面するなかで、本書の編集を通じ、定年を前に私が得た事柄である。

本書の「5　歴史家の日々――編集室から」の最後で、歴研の編集長のしめくくりとして、私は次のように書いておいた。

「二〇一二年から三年間、編集長を務めた私は、歴研の編集に取り組み、職場で「現代経済史」を教え、調査地で人に話を聞き、被災地でフォーラムをひらき、そして「生存」の歴史学を考えてきた。これらは私のなかで一連のつながりあるものだった。

毎日を生きることと編集長を切り離さず、私自身が日常から社会や世界につながろうとしたように、本誌もまた現在とかかわりながら社会や世界にひらくことをめざした」。日々を生きるなかで、一連のつながりのなかで歴史と向き合う、私は今後もこのようにありたいと思う。

この本に収録した文章の多くは、二〇一二年から二〇一五年までに歴史学研究会委員会に参加したことにかかわって書かれている。委員会をともにし、議論を共有した人たちに何よりも感謝したい。

私の歴史批評集を二冊とも編集してくれたのは山田晃弘さんである。二〇一八年の夏が過ぎたころに山田さんから連絡をいただき、『歴史への問い／現在への問い』以降に書いた文章で本をつくることができないか、との話しをうかがった。山田さんと再び一緒に仕事をさせていただく得がたい機会であったので、検討させていただくことにした。意見交換を重ねた結果、二冊目の構成ができ、刊行の運びとなった。本の泉社では、田近裕之さんが装丁や編集で的確な提案をしてくださった。お二人に心より感謝している。

二〇一九年二月
定年を前にした区切りのなかで

大門　正克

●著者略歴

大門　正克（オオカド　マサカツ）

1953年千葉県生まれ、一橋大学大学院経済学研究科博士課程単位取得退学、
博士（経済学）
現在：早稲田大学教育・総合科学学術院特任教授
専攻：日本近現代史、社会経済史
著書：『近代日本と農村社会』（日本経済評論社、1994年）
『民衆の教育経験』（青木書店、2000年）
『歴史への問い／現在への問い』（校倉書房、2008年）
『戦争と戦後を生きる』全集日本の歴史15（小学館、2009年）
『語る歴史、聞く歴史』（岩波新書、2017年）ほか
編著：『昭和史論争を問う』（日本経済評論社、2006年）
『新生活運動と日本の戦後』（日本経済評論社、2012年）
『「生存」の東北史』（大月書店、2013年）
『「生存」の歴史と復興の現在』（大月書店、2019年）ほか

〈〝本の泉社〟転換期から学ぶ歴史書シリーズ〉
日常世界に足場をおく歴史学 ― 新自由主義時代のなかで ―

2019年5月24日　初版第1刷発行

著　者　大門《おおかど》　正克《まさかつ》
発行者　新船《しんふね》　海三郎《かいさぶろう》
発行所　株式会社 本の泉社
〒113-0033 東京都文京区本郷 2-25-6
電話：03-5800-8494　Fax：03-5800-5353
mail@honnoizumi.co.jp ／ http://www.honnoizumi.co.jp
印　刷　音羽印刷　株式会社
製　本　株式会社　村上製本所

ISBN978-4-7807-1921-5　C0021